Capulhos de maio
no Vale do Paranapanema

José Jaime de Oliveira

Capulhos de maio
no Vale do Paranapanema

Dados Internacionais de Catalogação na Publicação (CIP)
(Câmara Brasileira do Livro, SP, Brasil)

Oliveira, José Jaime de
  Capulhos de maio no Vale do Paranapanema /
José Jaime de Oliveira. -- São Paulo : All Print
Editora, 2020.

  ISBN 978-85-411-1733-3

  1. Histórias de vida 2. Homens - Autobiografia
3. Memórias autobiográficas 4. Oliveira, José Jaime
de 5. Paranapanema, Rio (SP e PR) - História
I. Título.

20-38509   CDD-920.71

Índices para catálogo sistemático:
1. Homens : Autobiografia 920.71

Cibele Maria Dias - Bibliotecária - CRB-8/9427

Projeto gráfico, editoração e impressão:

ALL PRINT
EDITORA
www.allprinteditora.com.br
info@allprinteditora.com.br
(11) 2478-3413

Aos meus pais, Cândido e Isabel.
Aos meus irmãos e irmãs.
À minha esposa, Helena.
Aos meus filhos, Murilo e Felipe.

Agradecimentos

A Deus, porque *Ele* é o doador da vida.
À minha professora, D. Carmem (*in memoriam*).

Se chove, tenho saudades do sol,
se faz calor, tenho saudades da chuva.

José Lins do Rego

Sumário

Rainha de Lisboa

Ó Rainha de Lisboa!
Dá-me a cambraia branca,
Um bordado dos Arroios.
A camisa e mortalha
De meu pai açoriano.
"Algodão do usineiro do sertão d'Itabaiana".
Ó Rainha de Lisboa!
Rainha das oliveiras!
Dá-me a cambraia branca,
De suas bonecas de pano.
"Algodão Ranchariense, da Fazenda Sant'Antônio".
Ó Rainha de Lisboa!
Isabel, a redentora.
Dá-me a história mais branca,
mais negra, e pard'ainda!
"Sim, sim, Candinho, lhe digo...
foi retirante,
Floresta-derrubador, feitor de queimadas,
Roceiro, lenheiro e caçador".
Ó Rainha de Lisboa!
Dá-me a história mais linda,
Bordada pelos Arroios!
"Casamento de primos,
Medo de raio-seco,

brigas de faca, poço fundo.
Cobra sibilando em vigas,
Veneno em nuvens,
bicho em capulhos,
Contas de empório sem fim,
Açoites de cana,
Menino remelado ao eito,
gado comendo roupa
Quarada no agraço da grama.
Enxame d'abelha, mandioca brava,
Jiló' mui amargo,
feijão que perdeu a rama".
Ó Rainha de Lisboa!
"Sim, sim, raleando a cova,
Dando berço a sementinha,
Limpando com zelo as mudinhas.
Os capulhos se abrem em Maio.
Grande safra, coisa boa.
Paiol branco e cheio,
Feito a lua de junho.
O caminhão pesado troteia
na estradinha vermelha.
Vai arrotando plumas
Ao céu de Rancharia inteira.
Ó menina de Lisboa"![1]

____

1 O poema *Rainha de Lisboa* tem raízes no período da Guerra Civil nos Estados Unidos da América, quando a Inglaterra importava algodão do Brasil.

Várias famílias confederadas imigraram para o Brasil onde a escravidão ainda era praticada, visando manter a produção mercantil do produto agrícola.

Entretanto, o algodão brasileiro, considerado na época como o de melhor qualidade para a indústria têxtil inglesa, era produzido na Região Nordeste do país. Na transição do século XIX para o XX, várias secas progressivas e severas forçaram famílias nordestinas a migrarem para novos centros de cotonicultura, propulsionados na região centro-oeste paulista na Era de Getúlio Vargas. "Rainha" é o apelido de minha avó, que hoje tem quase cem anos de idade, independente e lúcida. Seu nome verdadeiro, Isabel, foi dado em homenagem ao nome da princesa portuguesa que assinou a lei abolicionista no Brasil, em 1888, e também devido ao fato de ser uma criança muito bonita. Os ancestrais de Isabel vieram de Lisboa para Salvador durante o período do Brasil Colônia. Entre os séculos XVII e XVIII, em função de serem cristãos-novos, e possivelmente pressionados pelos Atos da Inquisição no Brasil, migraram para a região de Itabaiana, em Sergipe.

Os pais de Isabel eram ricos plantadores de algodão nas colinas de Sergipe. Ela era apenas um bebê de colo quando seu pai foi assassinado numa caçada em uma floresta perto de sua fazenda. Depois disso, a família empobreceu em decorrências às vicissitudes do sistema patriarcal vigente.

Durante a sua juventude, Isabel migrou com parte da família para o Sudeste, nas fazendas de cotonicultura do interior paulista. Devido a essas famílias migrantes constituírem grupos de trabalhadores advindos dos mesmos laços familiares, também era comum o casamento por consanguinidade entre os nordestinos. O poema é um diálogo entre a minha avó e eu, no qual ela descreve ao leitor a saga dessas famílias migrantes feitas por árduos trabalhadores braçais, homens e mulheres da mais exaltada dignidade, que viveram isolados enfrentando barreiras econômicas, culturais e raciais, muitas vezes chamados depreciativamente de "nordestinos ou baianos".

Lara de Arruda Falcon
Poetisa, ensaísta brasilo-estadunidense

Prólogo

Caro leitor, o motivo pelo qual me dispus a escrever estas memórias deu-se em função de uma solicitação de um trabalho de escola do meu filho. Certa feita, ele me trouxe um pedido de redação para que eu fizesse um texto, contando em vinte linhas como tinha sido a minha infância, como eram as brincadeiras de criança naquele tempo, como era a minha escola e meus familiares.

Assim, fiz a redação e entreguei para que ele apresentasse à sua professora. Na verdade, não dizia muita coisa do que eu tinha vivenciado, por conter poucas linhas. Outro dia, me deparei com esse texto que eu havia salvado no computador, e o estendi para registrar como tinha sido a minha infância. Algum tempo mais tarde, minha sobrinha Lara de Arruda Falcon me perguntara sobre alguns fatos do passado de nossa família, e lhe enviei o texto. Ela leu e se manteve em silêncio. Três anos depois, em uma conversa, ela me sugeriu escrever um livro. Então, aqui está. Apresento a vocês a minha narrativa na esperança de que ela possa contribuir para uma compreensão de como era a vida das famílias nordestinas no interior do Brasil nas décadas de 1950 a 1970, mais especificamente de agricultores no Vale do Paranapanema, em São Paulo, e no norte do Paraná.

1. Eutimo

Eutimo – meu pai – era um jovem sonhador, havia deixado a sua infância sofrida no sertão sergipano. Foi órfão desde pequeno, quando sua mãe morreu durante o parto da filha caçula. A pequena viveu poucos dias sob os cuidados de uma ama de leite. Naquela época, papai estava com cinco anos de idade. Tinhas três irmãos: a sua irmã primogênita tinha dez anos, seu irmão, nove, e a irmã adotiva tinha quatro anos. Nasceu em Serra Redonda, distrito de Frei Paulo, no agreste sergipano. Ele se lembrava bem de que meu avô Francisco era proprietário de uma pequena área rural de quatro tarefas[2], e nela buscava o ganha-pão para sustentar a sua família. Recordava inúmeras vezes, com melancolia, os dias intermináveis em que ficava trancado em casa com os seus irmãos, desde o alvorecer até o entardecer.

Meu avô trabalhava na roça e deixava as crianças sozinhas em casa. Todos os dias, ele acordava com o canto do galo, por volta das cinco da manhã. Levantava-se, lavava o seu rosto em uma pequena bacia com um pouco de água barrenta da cacimba, vestia uma roupa surrada de trabalho, acendia o fogão a lenha e preparava um bule de café; cozinhava um pouco de inhame e fritava os ovos. Servia o seu desjejum e deixava sobre a trempe quente o bule e a panela de inhame e os ovos para que os meninos se servissem logo que acordassem. O almoço que a sua irmã mais velha preparava era bem simples: feijão-de-corda

---

2 Medida agrária constituída por terras destinadas à cana-de-açúcar. Em Alagoas e Sergipe equivalem a 3.630 m².

com alguns pequenos pedaços de jabá; outras vezes, fava em lugar do feijão e um pouco de farinha de mandioca. Quando havia carne de vaca, eles a preparavam e comiam ao molho, acompanhado de um pirão de farinha ou até mesmo de um cuscuz. No inverno, também havia alguns legumes, e os preferidos e mais comuns na região eram o maxixe e o quiabo. Num pequeno jirau, havia uma talha cheia de água trazida da cacimba, que era decantada e depois fervida. Assim que esfriava, era colocada na talha de cerâmica para poder beber. Ao lado, uma prateleira de madeira onde ficavam os pratos, xícaras, colheres e uma grande lata de dezoito litros, com uma tampa de madeira, contendo farinha de mandioca.

Uma lata menor era usada para guardar o feijão de corda ou a fava; outra continha banha de porco; outra, açúcar; e, em uma pequena havia café torrado em grãos.

Num caixote embaixo do jirau ficavam guardados os poucos produtos de limpeza, como barras de sabão de soda e pedras de anil, e até mesmo azeite de mamona para o candeeiro; alguns guardanapos retangulares, brancos, bordados com motivos florais coloridos em ponto-cruz decoravam a pequena prateleira; era uma lembrança viva de sua querida mãe, que os fizera com tanto carinho. Durante a semana, as crianças faziam as suas refeições sempre sozinhas. Larentina, a irmã mais velha, deixava algum prato já preparado, sobre a trempe morna do fogão, para adiantar o serviço do jantar onde todos se reuniam e comentavam os acontecimentos do dia.

Muitas vezes, Eutimo verteu inconsoladas lágrimas pela morte de sua querida mãe, que o deixou tão cedo. Quando pensava nela, sua imaginação sugeria que ela deveria estar, provavelmente, em companhia dos santos e dos anjos no reino de ventura e glória onde moram todos aqueles fiéis cristãos que viveram de acordo com os sagrados preceitos da Santa Igreja Católica. Ela havia sido uma boa mãe e uma autêntica cristã. Recebeu em vida todos os sacramentos recomendados aos fiéis. Era dessa forma que o velho padre capuchinho da paróquia de Serra Redonda lhe ensinara, onde ele costumava ir com seus pais na missa dominical. Esse pensamento guardava com carinho ao lembrar de sua mãezinha querida.

Outras vezes, o Sujo[3] lhe insinuava um pensamento de dúvida, de incerteza, para fazer perder as almas piedosas. Então, às vezes, cismava de que sua mãezinha teria se desvanecido e nada mais restava dela. O corpo havia se dissolvido na terra onde havia sido sepultada. Ela não pensaria mais em nada. Nem se lembraria de nada. Tudo estava acabado para ela. A pessoa, quando morre, não guarda mais lembranças de nada daquilo que viveu na Terra – pensava consigo.

Após esses pensamentos tristes, ele chorava e em seguida começava a rezar um pai-nosso e uma ave-maria antes de dormir, diariamente, assim como os seus pais lhe ensinaram.

Em seguida, uma paz invadia o seu coração e um doce consolo aquecia a sua alma. Sua mãezinha estava, sim, no céu! Todos os pensamentos contrários que lhe ocorriam eram fruto dos seus pecados e se afastavam pela misericórdia de Deus após as suas orações noturnas. Me disse tantas vezes que pensou o quanto gostaria de rever, se fosse possível, sua querida mãezinha. Gostaria tanto

____

3 Diabo.

de poder beijá-la, abraçá-la, de ouvir a sua voz e chamar novamente pelo seu nome. Nesses momentos de solidão e de tristeza, ele encontrava um pouco de alegria quando a irmã adotiva vinha conversar, e inventava alguma brincadeira para conseguirem esquecer um pouco o desgosto que lhes causava a falta da mãe. Renilde era uma menina linda e inteligente, olhos negros e brilhantes, morena clara, cabelos volumosos e cacheados. Lembrava uma boneca mimosa. Eutimo agradecia a Deus a existência dessa irmãzinha que lhe trazia alegria com a sua presença espirituosa e que afugentava suas tristes lembranças e solidão.

Quando já estava com oito para nove anos, meu pai passou a acompanhar o meu avô para o trabalho na roça, e labutou ao lado de seu pai até atingir a maioridade. Meu pai sempre dizia que não gostaria de viver toda a sua vida ali. Não queria gastar os seus dias passando necessidades naquela região do agreste onde nascera, constantemente visitada pela estiagem. O meu avô chamava-se Francisco, mas era conhecido por Xixio. Ele sempre dizia aos filhos para que quando atingissem a maioridade, dezoito anos, buscassem seus destinos e não se prendessem mais a ele.

Meu pai acalentava em seu coração uma vida de prosperidade e prestava atenção quando ouvia dos amigos tantas histórias de sucesso de famílias que haviam se mudado para o Sudeste, principalmente para São Paulo. Ele tinha curiosidade de conhecer esses lugares que tanto falavam em Serra Redonda. Quando pensava no futuro, o que mais gostaria de tornar realidade era um lugar diferente para morar, trabalhar, conhecer uma linda moça decente, casar e constituir família, adquirir uma chácara e viver feliz. Ele sempre se considerou – e foi reconhecido pelos amigos – como um rapaz corajoso e trabalhador.

Pensava: "Então, o que eu preciso fazer para mudar o meu destino a não ser aproveitar a oportunidade de mudança, quando meu tio Martinho me fizer um convite para ir a São Paulo?". Ele não pensaria duas vezes.

Naqueles dias, seu tio estava recrutando várias famílias e rapazes para trabalharem de peão na derrubada de sua nova Fazenda Santo Antônio, em Rancharia, interior de São Paulo. Então, no dia seguinte, foi visitar o seu tio, que estava na casa de um irmão em Itabaiana, e dele recebeu o tão sonhado convite. Voltou apressado para casa para contar a novidade. Seu olhar tinha um brilho e seu semblante demonstrava felicidade. Contou a novidade ao pai e pediu consentimento; ele logo concordou, desejando-lhe muito sucesso.

Depois das festas de São João, Eutimo preparou a sua pequena mala de couro, contendo suas poucas mudas de roupas, para viajar ao Sudeste. Um misto de esperança e tristeza, por deixar pai e irmãos, invadia seu peito. Mas a realização de seu sonho superava todo o sentimento contrário a este seu propósito. Na hora da partida, ele abraçou e se despediu de seu pai, que fez muitas recomendações para que seguisse seus conselhos e se tornasse um homem honrado onde quer que ele estivesse morando. Deu-lhe bons exemplos como bom pai até aquele momento, sempre lidando com honestidade em seus negócios, honrando seus compromissos e confiando em Deus, por mais difícil que se apresentasse a situação do momento.

Lamentou não poder dar ao filho um dinheiro mais significativo para que ele pudesse viajar em busca de seus sonhos no sul. Tudo que tinha na carteira, e que não era muito, entregou para Eutimo poder viajar com seu tio para Rancharia. Então, meu pai juntou as suas mãos e caminhou em direção a meu avô, e disse:

– Sua bênção, meu pai!

– Deus te abençoe, meu filho!

Naquele instante, o velho Xixio tocou com a sua mão direita as mãos unidas do filho, e duas furtivas lágrimas rolaram de seus olhos, deslizando por entre os sulcos de suas faces envelhecidas. Ainda com voz embargada pela emoção da despedida, recomendou mais uma vez em tom de súplica:

– Eutimo, meu filho, seja sempre um homem honesto, trabalhador e temente a Deus!

– Sim, meu pai! Eu lhe prometo que serei.

Estas palavras ficaram indelevelmente gravadas em seu espírito, mas Eutimo não imaginava que seriam as últimas palavras que ele ouviria de seu pai, o meu avô. Muitos anos depois, no final da década de 1970, meu pai retornou à sua terra natal para visitar a família, que então havia se mudado para Frei Paulo. Alegrou-se em rever o estado de Sergipe, Itabaiana, Ribeirópolis, Frei Paulo e Serra Redonda. Ao chegar em Sergipe, dirigiu-se para a casa do irmão, em Frei Paulo. O reencontro com o seu irmão mais velho foi um momento de grande emoção. O tio Firmino quase não o reconheceu, depois de tantos anos ausente.

Sob grande emoção para ambos, meu tio passou a apresentar toda a sua família ao irmão. Meu pai pediu a ele que falasse um pouco mais sobre o vovô Xixio, e então foi que ele lhe contou que o meu avô havia falecido em 1962 e sempre falava da saudade que sentia do papai, que não lhe dava notícias desde que se mudou para Rancharia.

Também não pôde rever Larentina, a irmã mais velha, que havia falecido há cinco anos. Foi com tio Fimino à casa de Renilde, e este reencontro foi marcado por grande emoção e ela chorou de felicidade em poder abraçar o seu irmão querido. Papai também sentiu grande emoção, mas de modo discreto externou seus sentimentos, traço característico de sua personalidade sempre reservada. Esta viagem à sua terra natal lhe trouxe um novo alento e ele refletiu em seu semblante ao retornar para casa a grandiosidade que este acontecimento representou em sua vida. Contava para nós repetidas vezes a descrição dos familiares visitados e narrava tudo o que havia visto em Sergipe.

2. Fazenda Santo Antônio

Foi uma viagem longa e muito exaustiva, desde a saída de Serra Redonda, em Sergipe, até a Fazenda Santo Antônio, em Rancharia, em São Paulo. Foram inúmeras paradas pelo caminho, viajando em estradas precárias em muitos trechos. Barulho, vento, poeira e sacolejos do caminhão quando passava em buracos. Tudo isso compensava muito, porque havia no coração de cada sertanejo sobre o pau-de-arara[4] uma esperança de nova vida e a realização de um sonho de bem-estar e fartura no sul do país. A fome e a pobreza certamente não lhes acompanhariam nessa nova jornada que descortinava em suas sofridas vidas até ali tão áridas de esperanças diante da grande seca que assolava a sua terra natal, berço de seus ancestrais.

Muitas famílias se acomodavam como podiam sobre a carroceria, muitos sentados em bancos de tábuas atravessadas lateralmente, outros ainda sentados sobre suas malas e pertences. As mulheres e idosos acomodavam-se sobre as almofadas feitas com sacos contendo roupas e colchões de palha, cobertores e travesseiros. Os mais jovens viajavam sentados nos bancos e de lá somente saíam quando precisavam dormir. Aquela viagem parecia não ter fim, e meu pai estava muito cansado daquele desconforto todo. Havia muito choro de crianças, ora com fome, ora por desconforto, ou até mesmo por alguma doença.

A alegria daquela gente foi grande quando chegou a Rancharia. Um mundo novo, diferente e tão estranho; tudo ali lhes causava admiração pela exuberância. Era

---

4 Meio de transporte irregular utilizado pelos migrantes nordestinos.

inverno e estava muito frio naquele início de julho. A cidade encantava com suas casas de madeira, ruas bem alinhadas, grande movimento de gente vinda de muitas regiões do Brasil em busca de oportunidades de trabalho. Em volta, grandes matas de beleza inigualável, árvores enormes que não existiam no sertão de Sergipe. Ali chovia regularmente; o inverno era bastante frio, com poucas chuvas, mas na primavera e no verão chovia muito, e o outono era uma estação com chuvas regulares e com temperatura agradável. Um clima excelente para a lavoura e para a pecuária. Havia muitos rios perenes, ricos em peixes de várias espécies. "Aquilo sim era lugar para se viver!", pensava.

A Santo Antônio foi uma importante fazenda no contexto da migração nordestina para o estado de São Paulo. Essa fazenda tinha uma área de seiscentos e cinquenta alqueires, desbravada em meados da década de 1930. Originalmente, foi coberta por matas, mais precisamente a Mata Atlântica, riquíssima em sua fauna e flora, com exuberante diversidade de plantas e animais. Meu pai conheceu essa vegetação em mata virgem. Quando lá chegou, ficou fascinado com a beleza das terras férteis encobertas de florestas tropicais. Veio de Sergipe a convite de seu tio Martinho, proprietário daquele lote, que anteriormente havia sido usineiro da região de Itabaiana.

Ao adquirir terras no oeste paulista, seu tio trouxe muitas famílias para derrubar a mata e assim formar a fazenda de cotonicultura. O nome da fazenda foi dado em homenagem a Santo Antônio, padroeiro de Itabaiana, já que a fé católica era predominante em todo o Estado de Sergipe. A grande seca de 1932 tinha acabado já há alguns anos, mas as suas consequências permaneciam em todo o Nordeste, como o desemprego, a pobreza generalizada e os baixos preços da mão de obra. Além desses motivos, havia o sonho de uma vida mais próspera no Sudeste. Esses fatores comuns motivaram o ciclo de migração nordestina para a capital do algodão na época, a próspera cidade de Rancharia.

Pouco tempo depois que meu pai chegou de Sergipe, conheceu uma moça muito linda. Ela tinha vindo uns dois anos depois dele também de Sergipe, com a sua irmã mais velha, chamada Perpétua. Essa moça era a Rainha de João Vermelhinho, e tinha tal apelido por ser realmente linda e admirada por todos. Ela era sua prima-segunda, e a tinha visto algumas vezes lá em Sergipe, quando ia às quermesses da igreja em Ribeirópolis. Sabia pouca coisa sobre ela, apenas que era uma moça direita, órfã de pai, que foi vitimado em uma emboscada durante uma caçada no Tambeco, Fazenda Capim na Lagoa das Esperas, região de Ribeirópolis. Seu corpo foi encontrado no dia seguinte, com os olhos comidos por aves de rapina. Posteriormente, sua mãe, viúva, se casou novamente e teve mais três filhos.

Eutimo de Xixio, na fazenda do tio, em Rancharia, morava no barracão da peonada trazida para a derrubada das matas. Aos domingos, visitava o seu amigo José Nivaldo, casado com a irmã de Rainha. Passavam boas horas contando "causos" no oitão, à sombra de uma jaqueira. À tarde, Perpétua preparava um café que Rainha levava contente para os dois amigos. Ali, sentados num banco, esperavam ansiosos a mocinha recém-chegada de Itabaiana trazer um café passado na hora, no coador de pano. Os homens pegavam a bandeja e a colocavam sobre um banquinho. Depois de alguns minutos, ela voltava com alguns bolinhos de trigo fritos na banha de porco, que Perpétua tinha acabado de preparar para o marido e para o visitante. Rainha ia contente servir o café para eles. Um dia, ao vê-la a caminho, o tio Zé Nivaldo interrompeu a conversa:

– Óia ela![5] – disse José Nivaldo ao vê-la surgir no batente.

– A Perpétua mandou trazer esses bolinhos de trigo para acompanhar o café de vocês! Não se acanhem, comam tudinho!

– Obrigado, Rainha! Você e Perpétua já tomaram café?

– Ainda não! Primeiro para vocês.

Ela se retirou timidamente assim como havia chegado, mas não sem antes dar uma olhadinha de soslaio para o visitante. Papai ficava encantado com a presença daquela moça tão meiga e linda! "Zé Nivaldo me disse certa vez que ela sabia fazer de tudo em casa: lavar, passar, cozinhar, até cuidar de crianças ela cuidou lá no Mocambo em Sergipe". "Rainha era uma menina de ouro!". Sua mãe havia recomendado, encarecidamente, que Perpétua cuidasse bem dessa menina, que a protegesse dos perigos e a preparasse para um dia se casar com um bom rapaz, honesto e trabalhador.

Algum tempo depois, papai manifestou seu interesse por Rainha e falou para Perpétua e José Nivaldo que queria se casar com ela. José Nivaldo e Perpétua consentiram, então, se casaram somente no religioso, na Igreja

---

5 Interjeição de saudação afetuosa.

Matriz de Rancharia, em 1940. Rainha – minha mãe – tinha 15 anos então.

A Segunda Guerra Mundial estava prestes a eclodir na Europa. Naquele tempo, meu pai havia arrendado uma pequena área de dez alqueires de terras do tio Martinho. Ele cultivava algodão nessas terras, embora tivesse uma pequena fração reservada à agricultura familiar. No início dos anos cinquenta, conversou com tio Martinho e solicitou uma área maior, e assim obteve autorização para ampliar a sua roça para cem alqueires. Com o aumento da área arrendada, precisou adquirir um pequeno trator Ford 1951 com um arado, um disco para tombar a terra e um pulverizador. Esses implementos agrícolas lhe facilitariam, um pouco, o trabalho no campo. Comprou, com o dinheiro da safra anterior, oito cabeças de gado leiteiro para conseguir atender às necessidades da sua família que crescia a cada ano, e já contava com oito filhos.

Na maior parte, o serviço na fazenda era braçal, como capinar, plantar, ralear e colher o algodoeiro. Esses serviços, meu pai conseguia obter mediante mão de obra avulsa de diaristas, sendo que eles também eram arrendatários de áreas menores. Quando conseguiam deixar em ordem as suas pequenas lavouras, iam trabalhar para os amigos, ajudando-os enquanto ganhavam um dinheirinho a mais para o orçamento familiar. Um e outro peão ele acabava contratando para ajudar na roça quando ficava apertado. Tocava um armazém de secos e molhados na vila de Inúbia Paulista, distrito de Lucélia, que ficava próximo da fazenda. Vendia para arrendatários, tanto da Santo Antônio quanto da Fazenda Bartira, da Swift King Ranch.

A Swift era uma multinacional proprietária de uma grande fazenda dedicada à pecuária de corte. Era conhecida pelo imenso rebanho de gado que criava em suas pastagens. Essa fazenda era servida por um ramal da Estrada de Ferro Sorocabana, para escoar a produção de carne bovina que atendia à demanda dos frigoríficos da capital. Naquele momento, considerando-se o fato de que as últimas safras tinham sido promissoras, com excelente preço da arroba do algodão, o mercado de plumas de algodão estava aquecido no Brasil em função do aumento da exportação e da redução da produção nos Estados Unidos, que era o maior produtor mundial de plumas e estava envolvido na guerra da Coreia (1950-1953).

Meu pai também vendia mercadorias para muitos gatos[6] das fazendas vizinhas, tanto da Bartira quanto da Santo Antônio. O momento era favorável a bons negócios, e tudo corria muito bem. A economia do país parecia estável. Papai vendia fiado e não se cercava de garantias para se proteger de uma possível adversidade por parte de seus confiáveis clientes. Não verificava se o comprador tinha alguns bens que pudessem garantir a dívida, caso se tornassem inadimplentes. Somente pedia que assinassem as notas de compra, não emitia nem mesmo uma duplicata para que depois pudesse executar a dívida caso fosse preciso, pois conhecia e confiava em cada um dos seus bons fregueses.

Nasci no início de 1956, na Fazenda Santo Antônio. propriedade do meu tio-avô Martinho de Oliveira, como mencionado antes. Martinho era um próspero fazendeiro, cotonicultor e pecuarista. Era branco, rosto redondo e

---

6 Agenciadores de trabalhadores rurais.

olhar aguçado. Tinha baixa estatura, era forte. Usava chapéu de baeta marrom, gostava de trajar calças azuis de mescla e camisas brancas, e nos pés, confortáveis botinas. Percorria diariamente sua fazenda dirigindo o seu jipe cor verde com capota preta de lona.

Meus pais tiveram doze filhos no total: Gerusa, Zito, Neuzete, Onofre, Derivaldo, Silvino, Júnio (falecido aos três anos), Gino, Jaime, Gildete, Heládio e Anacleto. Sou o nono filho da prole. Conta minha mãe que, em 1954, a lavoura estava exuberante, e o verde algodoeiro havia sido carregado de sadias maçãs praticamente intocadas pelos insetos. Se tudo corresse bem, naquele ano, haveria uma espetacular safra. Aproximava-se a época da colheita; no transcorrer de abril, a família fazia planos para o futuro, sonhando que doravante tudo seria alegria e prosperidade. Chegou o esperado final de abril, os capulhos estavam quase que totalmente abertos e os agricultores se preparavam para a grande colheita. Corriam céleres aqueles dias, mas ao chegar o início de maio, época prevista para a colheita, começou a chover ininterruptamente, e continuou até o final de junho.

As chuvas castigaram a lavoura e os capulhos brancos agora pendiam desfiados e encharcados. Pareciam brancas lágrimas a se derramarem das hastes escurecidas prematuramente pelo excesso de água. O outono chuvoso trouxe consigo uma onda de frio inesperado. Umidade e frio, além da escassez de leite para as crianças, foram os fatores que mamãe atribuiu ao agravamento do problema de saúde do meu irmão Júnio. O menino começou a adoecer desde o início do mês de abril, e encontrava-se lívido, debilitado, e passava noites em claro a chorar. Quando minha mãe terminava de preparar o almoço e chamava as crianças para comer, Júnio não tinha apetite e respondia com um olhar melancólico:

– Papai come! – querendo dizer que comeria somente se papai estivesse presente; mas geralmente ele estava trabalhando na roça e lá fazia a sua refeição de marmita que mamãe mandava pelo Zito. E assim o pobre menino ficava mais e mais debilitado. No jantar, ele comia duas ou três colheres somente, por estar na presença de papai, de quem tanto gostava.

Mamãe ficava praticamente o tempo todo cuidando do Silvino na fase de aleitamento, que também tinha saúde frágil, era pálido e magrinho, assim como Júnio. Meu pai mal conseguia dormir, ajudava como podia para ministrar a medicação e tentava consolar o menino doente. Seguidas vezes o levou ao médico em Rancharia. Chegou a fazer transfusão de sangue em Júnio, mas de nada adiantava. O doutor Nilo havia diagnosticado um problema grave: leucemia.

Meu irmão foi definhando e enfraquecendo, e mamãe pressentia que iria perdê-lo. Neuzete presenciou uma cena comovente do irmãozinho em seu leito de morte: disse que ele já não abria mais os olhinhos, mas levava a mãozinha à parede da cama – num movimento vão de tentar pegar algum alimento preferido – como se estivesse na parede. Depois ele recolhia a mãozinha vazia, colocava em sua boca e ficava algum tempo mastigando algo invisível. Numa noite fria, em meados de maio, ele deu o seu último suspiro. Um anjo a mais no céu e uma dor imensa na família. Seu caixão – feito por meu pai – era de tábuas de cedro, revestido de tecido de morim branco.

À noite, durante o velório na sala, o corpo do menino estava estirado sobre a mesa da sala forrada com alva toalha. O anjinho vestido de camisa branca, calças azuis e meias pretas. Algumas flores colocadas sobre o corpinho, que estava de mãos cruzadas e dedos entrelaçados sobre o peito; pés juntos e esticados. Quatro círios acesos tremeluzentes iluminavam ao redor. As mulheres entoavam cânticos católicos tradicionais, intercalados com preces. Ao amanhecer, o caixão estava pronto e o corpo foi colocado dentro, ficando sobre a mesa até a hora de sair para o enterro em Rancharia.

Naquele tempo, costumava-se tirar fotografia de pessoas falecidas. Eu me lembro, muitos anos mais tarde, de ver a foto que papai tirou de Júnio no caixão. Minha mãe deixava essa foto do filho morto na última gaveta do lado direito de sua máquina de costura. Eu abria a gaveta da máquina, retirava a foto do meu irmão e ficava meditando sobre ela. Sentia tristeza de não o ter conhecido, depois um sentimento de pena, depois um *não sei o quê* de saudade de alguém que não pude conhecer. Eu contemplava a foto e não me cansava de sentir tantas coisas tristes e confusas ao mesmo tempo.

Tinha momentos que achava ele um menino bonito, traços regulares, formato do rosto retangular, pele clara, boca harmoniosa, seu rosto lívido, descoberto, olhos fechados como se estivesse dormindo num sono tranquilo... o corpinho coberto de flores. "Ai, como é triste morrer! Flores deveriam nos trazer alegria", eu pensava. Mas ali sobre o corpo do menino deitado num caixão, me causavam tristeza! "Meu Deus! O que é a morte? Seria uma parada no tempo? Seria um desmanchar-se na terra? Seria uma escuridão e esquecimento sem fim?" Todos esses pensamentos causavam medo! Então, eu recolocava a foto do menino morto na gaveta da máquina e procurava algo mais interessante para fazer. Algum tempo mais tarde, minha mãe destruiu essa foto.

A perda da safra do algodoeiro naquele ano deixou as famílias endividadas e quem possuía algum implemento agrícola ou reses acabou entregando tudo como forma de pagamento ao Banco do Brasil. Sem dinheiro e com filhos para criar – e passando necessidades –, muitos se sujeitaram a desmatar outras áreas em diferentes municípios. Uma árdua tarefa de recomeçar do zero, a realização do sonho de progresso. Cada mudança para uma nova fazenda era uma luta descomunal em condições precárias de sobrevivência.

Naquele tempo, não se falava em seguro. Meu pai entregou todo o maquinário, o prédio comercial e todo o estoque de mercadorias do armazém de secos e molhados mais as cabeças de gado que somavam duas dezenas – tudo para o pagamento de dívida com o banco. O tio Martinho concedia anuência aos seus arrendatários para que eles pudessem fazer o financiamento no Banco do Brasil e custear sua lavoura. Porém, esse tipo de concessão não era comum. Outros proprietários não concediam carta de anuência. Ofereciam mercadorias em seus próprios armazéns situados em suas fazendas, além de fornecerem sementes e inseticidas agrícolas. No final da safra, descontavam esses custos juntamente à renda estabelecida no contrato.

A família, que antes desse acontecimento tinha conforto e boa alimentação, passou a sofrer todas as privações materiais: a despensa estava vazia, faltava alimento na mesa, vestuário. Estávamos num estado de quase indigência. Mudamos para a outra fazenda chamada São João, situada em outro município, Coroados, que havia mudado de nome para Nantes, em 1953, em homenagem a um desbravador da região de Messias Nantes, morto em conflito por posse de terras.

3. Coroados

As terras naquela região de planalto meridional são parte arenosas e parte com solos de terra roxa. Na época, as culturas eram de algodão nas terras desmatadas, e fazendas mais antigas desenvolviam a pecuária. Na Fazenda São João, a terra era roxa. Essa fazenda foi quase totalmente inundada pelas águas do lago da Hidrelétrica de Capivara. O município hoje é produtor de cana e de soja. Eram terras devolutas por volta da década de 1950, e a regularização de escrituras gerava sempre muitos questionamentos entre os proprietários. A Fazenda São João era de propriedade de um político da região de Presidente Prudente, também nordestino, de família numerosa.

Quando meus pais mudaram para lá, a vila ainda era conhecida por Coroados. Naquela fazenda já desmatada, meu pai conseguiu um pedaço de terra para plantar algodão.

Meu pai arrendou uma pequena área de apenas seis alqueires, o que era insuficiente para manter a nossa família. Naquele lugar, minhas recordações da infância se afloraram: sou Jaime, o nono filho de Eutimo e Rainha. Me lembro que estava com cinco anos de idade quando para lá nos mudamos.

O nosso casebre feito de lascas de coqueiros cortados com machado, partidos ao meio, coberto de telhas francesas vermelhas e chão batido foi feito pelo meu pai. Situava-se na parte baixa do arrendamento, a poucos metros de um riacho, onde minha irmã Neuzete lavava as roupas da família em uma prancha de peroba na água corrente, com barras de sabão de soda que minha mãe fazia, usando sebo e vísceras de animais domésticos. Lembro-me de que ela colocava as roupas para quarar na relva e, depois de lavadas, estendia-as em um varal de arame farpado, próximo de casa, onde de vez em quando surgia uma vaca do vizinho que comia nossas poucas peças de roupas. E assim com menos roupas ficávamos para nos vestir. Por ser próximo a um riacho, havia muitos mosquitos como pernilongos, mutucas e barbeiro. Certa vez, corriam notícias na vizinhança de casos de febre amarela. Lembro que Silvino, um pouco mais velho, estava com nove anos quando foi acometido por uma forte febre: suava abundantemente e tremia de frio, embora fosse final de verão. Ele foi levado para Rancharia e o médico diagnosticou e prescreveu medicação para febre amarela. Sarampo, caxumba e catapora eram doenças comuns, eu e meus demais irmãos tivemos todas.

Naquele casebre, à noite, o terror nos visitava na forma de serpentes das mais variadas espécies, como jararaca, caninana, jiboia, cobra-cipó. Subiam pelas paredes e sibilavam nos caibros por sobre nossas cabeças, perseguindo os ratos. Ficávamos aterrorizados quando ouvíamos o chiado dos ratos fugindo da perseguição das serpentes. Temíamos que presa e predador caíssem das vigas onde se debatiam sobre nossas rústicas camas com os seus barulhentos colchões de palha onde dormíamos.

Muitas vezes, meu pai teve que se levantar para matar alguma cascavel enrodilhada debaixo da cama de casal. Ele, como bom caçador e acostumado a andar pelas matas, conhecia o ruído característico do guiso da cascavel. Então, acendia a lamparina e buscava um cabo de machado na despensa e matava a serpente. Era comum a gente se deparar logo de manhã, no terreiro, com cenas assustadoras de cobras devorando sapos. A primeira vez que eu vi, fiquei apavorado; tinha pena do sapo e temor da serpente ao mesmo tempo. Era uma cena chocante demais para ser vista por uma criança, causava-me aflição. O sapo era devorado devagar e eu me sentia impotente, quase paralisado de medo.

"Por que a vida tem que ser assim tão cruel com esse sapo?", eu me perguntava muitas vezes, muito embora eu não sentisse nenhum prazer em me deparar com um deles pelo caminho. Mas também não gostava de ver Derivaldo e Silvino colocarem aqueles bichos sobre um pedaço de ripa de madeira, uma pedra ao meio e batiam com força com um sarrafo na outra extremidade, numa espécie de atiradeira, fazendo os sapos voarem longe e caírem agonizando.

Mamãe era uma incansável trabalhadora: além de cuidar da comida das crianças, costurava para ganhar algum dinheirinho e ajudar no orçamento familiar tão exíguo. As crianças viviam sempre adoentadas, dado o estado de pobreza absoluta. Minha mãe atribuía as doenças à insalubridade da água que era tirada de uma mina cavada à margem do riacho. Nessa cisterna natural, Neuzete ia buscar a água com um balde e a armazenava em uma grande talha de barro, sem filtrar. Depois, a utilizava para beber e cozinhar. Minha mãe, certa vez ao lavar essa talha, sentiu algo frio e pegajoso enroscar em sua mão. Assustou-se e retirou rapidamente essa coisa pegajosa. Virou o recipiente de água no chão e se surpreendeu com uma jiboia em estado de decomposição, já morta há alguns dias ali dentro.

Quando pegávamos alguma virose, meu pai ia à farmácia e comprava injeções de penicilina e as preparava, pois ele mesmo havia comprado um aparelho de injeção. Colocava-o em imersão na água e deixava em fervura por alguns minutos. O estojo da injeção era feito de aço inoxidável, cuja tampa se transformava em recipiente de álcool a ser queimado em uma pequena trempe do mesmo material contida no estojo. Na parte maior do estojo, colocava-se água fria e nela imergia-se a agulha e a seringa, deixando-as até levantar fervura. Dessa forma, o aparelho de injeção estaria higienizado. Depois, papai misturava cuidadosamente o frasco contendo o pó, injetando nele o outro frasco do líquido, e assim estava pronta a injeção. Chamava então as crianças doentes para aplicar o medicamento. Quando eu via aquele aparelho aceso sobre a mesa, um pânico tomava conta de mim! Aquelas injeções de penicilina doíam intensamente, não só no momento que eram aplicadas, mas também durante três dias consecutivos.

Durante o verão, com as chuvas torrenciais, o córrego próximo de casa transbordava e a correnteza arrastava furiosamente grandes troncos de árvores e galhos – espetáculo que eu e meus irmãos assistíamos com admiração. Depois que a chuva passava, corríamos todos para a beira do riacho para admirar a força das águas barrentas arrastando pinguelas e troncos de árvores.

Meu pai plantava, em volta de casa, milho, feijão-de-corda, amendoim, inhame, fava, mandioca, abóbora, batata-doce, maxixe e quiabo, que eram utilizados para nossa alimentação. Havia também muitas galinhas para a produção de ovos e carnes, que se aninhavam na beira do rio. Duas cabras nos forneciam o precioso leite do café da manhã. Raramente tínhamos para comer carne bovina, mas pelo menos tínhamos frangos e ovos como fonte de proteínas. Além do que meus irmãos mais velhos, Derivaldo e Silvino, gostavam de pescar no riacho e eu sempre ia com eles. Trazíamos lambaris, traíras, cascudos, caranguejos e camarões. Neuzete os preparava e comíamos com satisfação.

Minha mãe recebia muitas encomendas de costura das amigas próximas. Costurava vestidos, blusas, calças, camisas e roupas infantis. Além disso, ela bordava muito bem, panos de copa, toalhas de rosto e de banho que eram feitas de sacos brancos de sementes de algodão que ela alvejava, embainhava, bordava a barra e desfiava as extremidades, e depois trançava e aplicava nós que as deixavam como se fossem bordas rendadas. As suas freguesas, quando não tinham dinheiro para pagar as costuras, faziam o pagamento com galinhas, ovos, latas de banha de porco ou até mesmo um quarto de cabrito ou algum porco que matavam. Isso ajudava extraordinariamente no orçamento familiar.

Recordo que em finais de semana, eu levantava, tomava café e ia andar pelo milharal, sozinho, caminhando por entre as ruas de milho. O vento agitando as folhas produzia um ruído que evocava uma recordação de um mundo distante e perdido. Uma melancolia brotava em meu coração. Não sabia definir exatamente o que era. Parecia-me uma saudade de algum lugar em que eu havia vivido e não me lembrava mais, de alguma realidade que eu havia vivenciado e que não mais me pertencia. Havia somente aquele milharal agitado pelo vento, a assoviar. A solidão e a tristeza eram tudo o que dominava minha alma.

Muitas vezes, chorei sem nem sequer saber exatamente o motivo do pranto. Tudo isso acabava com a chegada ofegante e alegre de Mero, que vinha ao meu encontro. Esse companheiro tão querido espantava qualquer tristeza, pois era um cão muito inteligente e ativo. Excelente caçador de perdiz e de cateto, papai dizia que sempre o levava para as suas caçadas nas matas do Rio Laranja Doce. Era um cachorro vira-lata, cor de caramelo, de médio porte, e que me fazia companhia, mas viveu por pouco tempo. Um dia, quando eu ia para minha tarefa de ralear algodão, saí de manhã depois do café e caminhava despreocupado pelo carreador. Estava já longe de casa, então notei no meio do caminho, perto do lugar onde eu havia terminado a tarefa do dia anterior, um vulto de um bicho deitado no carreador. Corri para ver o que era e qual não foi a minha surpresa: deitado com as patas para cima, com o ventre inchado e boca aberta – era meu pobre cão! Que coisa horrível! O que o teria matado? Teria sido uma cobra? Ou ele tinha comido algo envenenado?

Voltei correndo para a minha casa para dar a notícia a todos do que havia acontecido com Mero. Meu pai também sentiu muita falta do nosso cachorro, tanto que ele não quis mais criar nenhum outro por algum tempo. Dizia que não queria mais sofrer uma nova perda de um animal de estimação.

Entrei para a escola aos sete anos. Papai me matriculou em uma escolinha em uma vila chamada Pindaíba, que ficava do outro lado do riacho, num descampado alto. Era mais uma sede de fazenda com poucas casas de madeira, bem cuidadas e pintadas. A escola era pintada de marrom claro, com carteiras individuais, umas vinte e poucas, um quadro negro e algumas gravuras do alfabeto com ilustrações de cada letra, muito bonitas. Minha primeira professora era verdadeiramente um anjo em forma de gente. Dona Carmem, baixinha, morena clara, cabelos curtos, me recebeu em meu primeiro dia de aula em seus braços, me pegou no colo ainda no pátio da escola e me levou até a sala de aula.

Eu estava com as alpargatas[7] azuis-marinhos encharcadas e sentia os pés gelados. O short de sarja estava molhado de orvalho do capim, camisa branca de morim, sem um agasalho para aquecer, tremendo de frio – foi como cheguei ao meu primeiro dia de aula. Senti-me protegido naquele recanto novo de aprendizado. Tinha comigo minha mochila de pano, confeccionada de saco de sementes de algodão que minha mãe abria, lavava e depois costurava em sua máquina. Um caderninho de brochura, um lápis e uma borracha – era tudo o que trazia comigo.

Dona Carmem me emprestou uma cartilha Caminho suave, até que meu pai pudesse comprar uma igual para mim. Fiquei encantado ao receber o livro de suas mãos. Para mim, era algo fascinante e maravilhoso com suas belas ilustrações para ensinar o alfabeto. Sentia uma sensação maravilhosamente inexplicável; era muito prazeroso o ato de aprender a ler e escrever. Lembro-me de que, quando meus irmãos mais velhos iam para a escola, eu os invejava, e aguardava ansiosamente completar sete anos para acompanhá-los àquele mundo do saber, no qual eles buscavam tantos conhecimentos e me espantavam com as suas histórias fantásticas que de lá traziam para contar aos amigos.

---

7 Calçado de tecido de algodão e solado de fibra de sisal.

Todos os dias, papai nos acordava às cinco horas da manhã, ao canto do galo, para irmos à escola. Ele se levantava antes desse horário e ligava o seu rádio de mesa, sintonizando a Nacional de São Paulo; ouvíamos músicas sertanejas de Tonico e Tinoco, Cascatinha e Inhana, Teixeirinha, Silveira e Barrinha, Tião Carreiro e Pardinho, Zé Fortuna e Pitangueira, Inezita Barroso, Jacó e Jacozinho, Zé Bétio e Zilo e Zalo. Em seguida, passava o café e deixava no bule de alumínio sobre a chapa do fogão a lenha para a gente se servir. Antes de sairmos para a escola, tomávamos uma xícara de café acompanhada de um ou dois bolinhos de farinha de trigo e ovo, fritos na gordura, que mamãe deixava feitos no dia anterior. Outras vezes, uma porção de farofa feita com ovos mexidos era todo o nosso desjejum. Dificilmente tínhamos leite de vaca em casa, porque era preciso andar muitos quilômetros para ir comprá-lo na fazenda onde se localizava a escola. O mais comum era o leite de cabra, mas eu tomava pouco, porque não gostava do sabor.

Silvino, Gino, os primos Totonho, Aliolete e Edite formavam o grupo que enfrentava a caminhada pelos carreiros entre o matagal e as pinguelas de tronco de madeira sobre a correnteza. Atravessávamos cercas de arame farpado, caminhávamos por pastagens, com os calçados molhados de orvalho, até chegarmos a uma estrada de chão batido que nos levava à escola. Muitas vezes, as vacas corriam atrás de nós. Quando terminávamos de atravessar o pasto e chegávamos à estradinha de areia que nos conduzia à escola, deparávamos com uma capelinha cercada de balaústres brancos, coberta de telhas de cerâmica. Dentro dela havia uma cruz de madeira sobre um montículo de terra. Diziam que era uma sepultura. Havia uma mesinha forrada com uma toalhinha branca bordada, dois vasos contendo flores e diariamente alguém deixava duas velas acesas ao lado de uma imagem de Nossa Senhora Aparecida.

Eu sentia muito medo daquela capela e quando a via, meu coração disparava, tamanho era o pavor que eu tinha daquilo. Um dos maiores medos que eu sentia quando criança era da morte. Minha prima Aliolete disse que aquele memorial havia sido feito para a alma de uma camponesa que morreu na descarga de um raio quando ela passara por aquele lugar. Outras vezes, ao voltarmos da escola, Aliolete, que era a mais velha do grupo, dizia que naquela fazenda havia muitas assombrações. Dizia que em um grotão longe da trilha por onde passávamos, ela tinha acabado de ver a mãe-d'água. Gritava e apontava o dedo na suposta direção onde avistava a visagem. Em seguida, disparava em carreira rumo de casa. Corria na frente, e nós a acompanhávamos desesperadamente pelo pasto afora, assustando os bois e os cavalos que também corriam quando nos aproximávamos. As vacas de cria com seus filhotes paravam e começavam a esfregar as patas no chão enquanto mugiam agressivas e partiam atrás da gente. Agora tínhamos dois motivos para correr ainda mais. Inúmeras vezes chegávamos em casa com a camisa rasgada de passar por entre as cercas de arame farpado que dividiam os piquetes da fazenda, cujo limite ao leste era o riacho; do outro lado, ficava a Fazenda São João onde morávamos.

A fazenda por onde passávamos no caminho da escola era coberta por verdes pastagens e com muitas cercas internas dividindo os piquetes. Havia algumas árvores nativas solitárias, belas e altas. Ipês de flores amarelas, outros de flores roxas, cedros, perobas e jequitibás. Também havia algumas paineiras que no mês de março davam um colorido especial às pastagens. De longe, víamos pontos diferenciados no fundo verde do pasto. De perto, altas e belas árvores de tronco escuro, protegido de espinhos pontiagudos. As copas coloridas de um tom rosa intenso e brilhante, cujas flores caíam abundantemente sobre as gramíneas, proporcionando um contraste fascinante. Era um espetáculo encantador contemplar aquelas soberbas paineiras, verdadeiras obras-primas da natureza.

Além da beleza, as paineiras nos ofereciam aconchego em nossas camas. Quando chegava o inverno, e seus frutos maduros se abriam do alto de suas copas volumosas, voavam brancas plumas pelo ar e caía nas proximidades grande quantidade de lã, que chamávamos de paina. Essas painas, recolhíamos em balaios de bambu e levávamos para que minha mãe confeccionasse travesseiros macios para toda a família. No vilarejo próximo à escola, havia inúmeras e belas árvores flamboyant, que ofereciam um espetáculo majestoso com o seu colorido intenso, quando as suas copas volumosas se cobriam de flores avermelhadas no mês de dezembro.

A partir dos sete anos, comecei a trabalhar na roça. Logo depois que chegava da escola, almoçava e ia para o eito. Papai me dava semanalmente dez cruzeiros, após ter cumprido a tarefa, como incentivo pelo hábito de trabalhar. Comecei a trabalhar raleando algodão, que consistia em agachar-me em cada cova de algodão germinado, que continha duas folhas em par. Deixava dois ou três pezinhos maiores e mais saudáveis, arrancava os demais e fixava os escolhidos juntando um pouco de terra com as mãos e apertando em torno de seus tenros caules. O algodoeiro era plantado em ruas retilíneas, e nessas covas, as plantadeiras manuais depositavam entre quinze e vinte sementes que germinavam – quase todas –, mas não poderiam crescer juntas porque ficariam fracas. Ao final da tarde, minhas costas doíam terrivelmente em função da posição desconfortável por várias horas, curvado sobre as ruas de algodoeiro. A recompensa seria caminhar pela lavoura e encontrar um pé de melancia que meu pai sempre plantava entre as ruas. Lindas e grandes, eu quebrava as melancias "favoritas" ao meio e comia com voracidade todo o miolo, deixando para trás alguns estragos. Meu pai às vezes perguntava qual dos meninos havia feito aquilo, mas eu ficava quieto, e se ele insistisse em perguntar, eu dizia que não sabia quem havia feito aquele estrago em suas melancias. Depois de raleado todo o algodoeiro, meu pai e meus irmãos mais velhos capinavam a lavoura. Um amigo de meu pai tinha um trator melhor, mais potente, equipado com um bom pulverizador, e era ele quem fazia o serviço de pulverização no período de crescimento da plantação.

Lembro-me de que ele descia com seu trator em movimento pela lavoura com o pulverizador acoplado às engrenagens da tração, ligado, emitindo uma nuvem branca de inseticida. A nossa casa ficava localizada na parte baixa do relevo, próxima de um riacho. Ele não se preocupava em desligar o pulverizador ao dobrar um carreador quando se aproximava de casa, para evitar que a nuvem de veneno incomodasse os moradores. Nesses momentos, corríamos todos para dentro de casa e amarrávamos um pano qualquer no nariz para minimizar o cheiro tóxico e agressivo do BHC[8] em nossas narinas.

Ocorriam umas quatro pulverizações durante a fase de crescimento do algodão. Depois disso, esperava-se que as maçãs desabrochassem alvíssimas ao suave sol no início de maio, em pleno outono. Então, era o momento em que eu voltava à ação novamente, agora para colher algodão. Amarrava um saco de estopa no sentido da largura com um barbante, como se fosse uma cinta, de modo que eu pudesse armazenar os capulhos de algodão nele, com um movimento para trás. Colocava também um chapéu de palha de abas curtas na cabeça. Saía arrastando o produto da minha colheita pelas ruas do algodoeiro. Quando começava a pesar na cintura, a gente esvaziava em outro fardo que ficava postado à beira do carreador, até ficar completamente cheio e bem socado. Depois, marcávamos com um pincel de tinta preta o nome para saber de quem era, no final do dia, no ato da pesagem da colheita. Dessa forma, papai lançaria em sua caderneta o crédito de cada trabalhador, filho ou pessoas de fora, contratadas para a colheita.

O período da colheita era inesquecível, momentos de alegria e felicidade invadiam nossa alma. Principalmente, quando a safra era boa e meu pai conseguia quitar as suas dívidas do financiamento da safra e sobrava dinheiro para poder comprar roupas novas para a família, além de alguns utensílios para a mamãe ou até mesmo

---

8 O Hexaclorobenzeno, cuja sigla em inglês é BHC, é um composto químico criado em 1825. Durante a II Guerra Mundial, foi usado para matar piolhos e pulgas. No Brasil, foi utilizado par matar o bicho barbeiro, transmissor da doença de Chagas. Nas lavouras de café e algodão, matava insetos. Produto cancerígeno. Não se decompõe no solo e contamina as águas subterrâneas. Foi proibido em nosso país em 1985.

uma bicicleta para um dos irmãos mais velhos. Os dias que papai ia para Nantes fazer as compras da família para o mês, para nós, era um dia especial. Minha mãe entregava a ele um saco branco daqueles de sementes de algodão, bem limpo e passado. Esse saco era usado para armazenar as compras que eram embaladas em papel pardo ou até mesmo em jornal, e depois cada item era amarrado com barbante e colocado dentro do saco, e por último era dado um nó com as duas pontas do saco para fechá-lo.

Papai tomava seu café da manhã, pegava a sua carteira, o saco para as compras e subia na carroceria do caminhão da fazenda que passava de manhã em cada casa para levar os pais de famílias para fazer compras na vila. Em seu retorno, íamos correndo pela estrada de chão, à tardinha, quando ouvíamos de longe o ruído do motor do caminhão que o trazia de volta. Era tanta alegria que não cabia em nosso coração. Sentimentos de ansiedade, curiosidade, esperança de que haveria alguma coisa especial para cada criança, além dos mantimentos, é claro! Às vezes, era um docinho chamado suspiro, ou um pirulito para cada um, ou até mesmo uma lata de bolachas de água e sal para comermos nos dias seguintes durante o café da manhã.

Nas noites claras de lua cheia, o paiol ficava abarrotado de algodão ensacado, empilhado, aguardando o caminhão para levá-lo ao cotonifício em Rancharia. Meus primos e primas, filhos da tia Celeste, vinham para a minha casa com o tio Genivaldo, amigo de infância do meu pai, companheiro de pescarias e caçadas. Eles ficavam sentados em um banco de madeira, a pitar seus palheiros e a contar anedotas para os homens, um pouco mais retirado do outro grupo onde se reuniam as mulheres e crianças.

Certa vez, mamãe, sentada em uma cadeira, pediu para as crianças se sentarem no chão perto dela para escutarem uma história que ela contaria naquela noite. Rapidamente nos acomodamos em semicírculo, ansiosos para ouvir a história que iria contar:

"Era uma vez uma cabra que tinha sete cabritinhos. Ela os amava de todo coração. Um dia, ela precisou ir à floresta em busca de comida. Então, chamou os cabritinhos e disse:

– Meus filhinhos, preciso ir à floresta. Tenham muito cuidado por causa do lobo mau. Se ele entrar aqui, vai comer todos vocês. Ele é tinhoso e costuma se disfarçar, mas vocês o reconhecerão por sua voz rouca e por suas patas pretas.

Os cabritinhos responderam:

– Mãezinha, pode ir descansada, pois teremos muito cuidado.

A cabra berrou satisfeita e foi andando despreocupada. Não passou muito tempo e alguém bateu à porta, pronunciando:

– Abram a porta, meus filhinhos, mamãe quer entrar!

– Não abriremos a porta, não! Você não é a nossa mãezinha. Ela tem uma voz macia e agradável. A sua é rouca. Você é o lobo!

Então, o lobo foi até uma escola próxima que estava fechada. Entrou e pegou um pouco de giz e comeu para amaciar a voz. Voltou à casa dos cabritinhos, bateu à porta, e disse:

– Abram a porta, meus filhinhos. A mamãe já voltou e trouxe uma coisinha para vocês.

Mas o lobo tinha colocado as patas na janela e os cabritinhos responderam:

– Não abriremos a porta, não! Nossa mãe não tem patas pretas como as suas. Você é o lobo!

O lobo foi à bodega e comprou um quilo de farinha para esfregar nas patas, que ficaram brancas. Voltou para a casa dos cabritinhos e bateu na porta:

– Abram a porta, meus filhinhos, vossa mãe quer entrar! Trago um mimo para vocês!

Os cabritinhos disseram:

– Primeiro mostre as suas patas para vermos se você realmente não é o lobo e é mesmo a nossa mãezinha.

O lobo colocou as patas na janela e quando viram que realmente eram brancas, acabaram acreditando e abriram a porta.

Triste surpresa! Ficaram apavorados quando viram que era o lobo mau. Procuraram se esconder depressa. Um deles entrou debaixo da mesa; outro debaixo da tarimba; o terceiro atrás do fogão a lenha; o quarto se escondeu na cozinha; o quinto, dentro do guarda-louça; o sexto, atrás de um pilão; e o sétimo, debaixo de um balaio. O lobo foi encontrando todos e comendo um a um. Só o mais novo que estava debaixo de um balaio escapou.

Quando encheu o bucho, saiu, e mais adiante deitou-se no capim. Dali a pouco pegou no sono. Momentos depois, a cabra voltou da floresta. Que tristeza a esperava!

A porta estava escancarada. A mesa, as cadeiras e os bancos, jogados pelo chão. As cobertas e os travesseiros espalhados no piso. Ela procurou os filhinhos, mas não os encontrou. Gritou por nomes, mas não responderam. Afinal, quando chamou o mais novo, uma vozinha muito sumida respondeu:

– Mãezinha querida, estou aqui, no balaio.

Ela então levantou o balaio e ele contou tudo o que havia acontecido. A pobre cabra chorou ao pensar no triste fim de seus filhinhos! Aperreada, saiu e foi andando tristemente pela redondeza. O cabritinho a acompanhou. Quando chegaram perto de um capão, viram o lobo dormindo no capim, debaixo de uma árvore. Ele roncava tanto que os galhos da árvore balançavam. A cabra reparou que alguma coisa se movia dentro da barriga do lobo e falou:

– Será que meus filhinhos ainda estão vivos dentro da barriga do lobo?

Então, o cabritinho correu até sua casa e trouxe uma tesoura, agulha e linha. Mal a cabra fez um corte na barriga do lobo mau, um cabritinho pôs a cabeça de fora. Ela cortou mais um pouco e os seis saltaram, um a um. Cada um deles queria abraçar sua mamãe. Ela também estava muito feliz, contudo, precisava acabar a operação antes que o lobo acordasse. Mandou que os cabritos procurassem algumas pedras bem grandes na ribanceira. Quando eles as trouxeram, ela as colocou dentro da barriga do bicho e costurou rapidamente. Em pouco tempo, o lobo acordou. Como sentia muita sede, levantou-se para beber água na cacimba. Quando começou a andar, as pedras bateram, umas nas outras, fazendo um barulho estranho. O lobo pensou: "*Vixe*! Como estava bom esses cabritinhos, melhor que uma buchada de bode". Alguns minutos depois ele começou a sentir um mal-estar.

"Mas que peste é isso que tá pesando tanto no meu bucho?", pensou, e saiu em disparada para tomar água. Quando chegou na cacimba e se abaixou para beber água, com o peso das pedras, caiu lá dentro e morreu afogado. Os cabritinhos, ao saberem da boa notícia, correram e foram dançar, junto ao poço, cantando de alegria, pois agora poderiam viver felizes e despreocupados."

Ao término da história, uma das primas disse em voz alta:

– Entrou pelo bico do pinto e saiu pelo bico do pato, quem souber uma história melhor que conte mais quatro!

Todos riram e falavam ao mesmo tempo enquanto Neuzete, Aliolete e Edite eram as encarregadas pelos primos de organizar as brincadeiras inocentes de passar anel. Saíam apressadas pelo terreiro todo convidando as moças, rapazes e crianças a participarem da brincadeira. Sentávamos em bancos em frente de casa, formando um semicírculo e alguém emprestava um anel que ia ser passado por entre as mãos justapostas de cada um dos participantes. O passador fingia que havia colocado o anel para todas as pessoas, mas somente em uma que escolhesse o depositava. Depois, o passador perguntava ao grupo, um a um, com quem ele (ou ela) havia deixado o anel, e tínhamos que tentar adivinhar. Quem acertava, tornava-se o novo passador, e a brincadeira prosseguia até cansar.

Outras vezes, o grupo se organizava para brincar de roda, e, de mãos dadas, cantávamos uma cantiga de roda tradicional que começava assim:

Ciranda, cirandinha, vamos todos cirandar, vamos dar a meia volta, volta e meia vamos dar. O anel que tu me deste era vidro e se quebrou, a amizade que tu me tinhas era pouca e se acabou. Por isso, dona fulana (ou seu fulano), faça o favor de entrar na roda, diga um verso bem bonito, diga adeus e vá embora!

A pessoa mencionada tinha que se deslocar para o centro da roda e declamar um verso, e assim sucessivamente, até que todos os cantadores passassem pelo centro da roda.

Outra brincadeira que eu gostava demais era "Balança Caixão". Duas pessoas seguravam um dos participantes pelas mãos e o outro pelos pés, balançando-o enquanto cantavam:

Balança caixão! Balança você! Dê um tapa na bunda e vá se esconder!

O restante do grupo corria imediatamente para se esconder até que todos fossem encontrados. O primeiro a ser encontrado passaria a procurar as demais crianças na próxima etapa da brincadeira, e daí por diante, até que todos se cansassem e desistissem da brincadeira.

Brinquedos industrializados praticamente não existiam na roça, raramente a gente via alguma criança com um caminhãozinho de madeira bem-acabado, pintado com tinta óleo, que o pai havia comprado na cidade. Eu vi pela primeira vez um caminhão de madeira de Josias, meu amigo, filho do Mané Gato e de Balbina, filho único daquele casal. Era raro, naquele tempo, encontrar uma família tão pequena. A maioria dos casais tinha muitos filhos, era comum famílias de doze, catorze e quinze pessoas. O caminhão que Josias ganhou do seu pai no Natal era, para mim, um brinquedo primoroso. Ficou na minha lembrança como o fato mais marcante daquele Natal. Pensei comigo: "Ah, quem me dera se meu pai pudesse comprar um desses para mim!". Meus irmãos e eu fazíamos nossos próprios brinquedos de madeira, de latas de óleo e de sardinha, até mesmo de pescoços de abóbora entalhávamos lindos tratores para brincar.

Outro tipo de brinquedo que eu e Gino, meu irmão, gostávamos era feito com maxixes que nasciam entre o algodoeiro. Escolhíamos os maiores, espetávamos com palitos de fósforo para fazer as pernas e com pedaços menores de palitos fazíamos as orelhas e chifres do que seriam nossos bois; a cauda desses bois era o próprio cabo que há no maxixe, e bastava virá-lo para baixo antes de fixarmos as pernas dos palitos de fósforo. Depois, pegávamos finas lascas de madeira para fazermos as cercas para colocar nosso gado de brinquedo dentro dos piquetes. O aramado da cerca fazíamos com barbantes da costura que tirávamos dos sacos de inseticida e de sementes de algodão. Eram barbantes resistentes e perfeitos para vários tipos de brinquedos. E assim nos tornávamos fazendeiros!

Muitas vezes, papai me convidava para ir com ele para Nantes quando precisava fazer compras de mantimentos. Embora papai tivesse um pequeno trator à gasolina Ford ano 51, estava quase sempre quebrado. Meu pai e meu tio Genivaldo iam na frente, a pé, conversando, e eu ouvia suas conversas, caminhando atrás deles. Lembro-me vagamente dessas conversas deles sobre política. Saíamos de casa às cinco horas da manhã, ainda escuro, caminhávamos por uma estrada de chão arenosa numa distância de oito quilômetros. A areia dificultava nossos passos, pois nossos pés afundavam e eu ficava muito cansado.

Chegar ao destino era uma aventura. Recordo que meu pai era simpatizante de Jânio Quadros. Estava desiludido da política após a renúncia do presidente. Comentava com os amigos que o Brasil estava a um passo de uma revolução, e que Jango era revolucionário e amigo de Fidel Castro, o que representava um perigo para o país. Meu pai tinha saudades do governo de Getúlio Vargas que foi, em sua opinião, o melhor período que o país havia conhecido. Eu não prestava muita atenção naquele tipo de conversa porque eu não entendia nada de política. Quando ouvia falar que Jango defendia a reforma agrária, nem fazia ideia na época do que seria aquilo, nem mesmo o que seria um regime comunista semelhante ao implantado em Cuba. Outras vezes, ouvia os amigos do papai comentarem sobre a iminência da tomada do poder pelos militares, porque o país estava em ebulição naquele momento. Falavam também em PTB, UDN, Brasília nova e bela capital da República, Juscelino, Jânio Quadros, forças ocultas que levaram o presidente à renúncia etc.

A gente escutava muitas notícias do Repórter Esso, na Rádio Nacional de São Paulo, mas eu não entendia o desenrolar dos fatos ligados à política. Meu pai também nunca comentava sobre política e economia com as crianças. A única percepção que tínhamos de economia era quando faltava dinheiro para comprar vestuário e alimentos. Esperava ansiosamente terminarem as notícias de coisas que eu não compreendia e me alegrava quando terminava o noticiário e o locutor entrava com as músicas sertanejas de sucesso. À tardinha, quando o rádio podia ser ligado pelas crianças, eu corria antes do Gino, ligava o rádio e sintonizava em uma emissora do Rio de Janeiro que tocava marchinhas de carnaval que eu gostava muito, por serem bem-humoradas e alegres. Gino também gostava, mas eu deduzia isso pelo simples fato de que ele não tentava mudar a estação que eu sintonizava.

Ficávamos eufóricos quando minha mãe anunciava que na semana seguinte ela nos levaria a Iepê, uma cidadezinha maior e vizinha de Nantes. Ela ia fazer as compras necessárias, alguns tecidos, calçados e medicamentos. Caminhávamos a pé pela estradinha arenosa, uns oito quilômetros até chegarmos em Nantes. Lá, tomávamos uma jardineira com destino a Rancharia e saltávamos em Iepê. Mamãe com cinco crianças, sendo um bebê de colo. Embarcar na jardineira era uma alegria imensa para mim, procurava me sentar à janela para ver a paisagem. Tudo era deslumbrante, o casario de Nantes passava tão rápido e logo estávamos na rodovia que ia para Rancharia. A jardineira se deslocava velozmente. Eu via passar rente à janela estacas e mais estacas de cercas das pastagens, árvores e mais árvores e eu me deslumbrava com a sequência de cenários do campo.

Logo na saída de Nantes, do lado direito, quando terminava a cidade, havia o cemitério limitando a pastagem das fazendas, cercado de balaústres brancos, com muitas sepulturas com cruzes de madeiras e algumas carneiras. Chamava-me a atenção, naquela necrópole, um túmulo azul em forma de meio cilindro. Meus irmãos diziam que foi do jogador de futebol que morreu de congestão por ter entrado em campo para jogar uma partida logo após o almoço. Eu olhava e ficava com medo daquele túmulo, porque eu havia presenciado aquele fato num domingo ao meio-dia, em que houve um torneio de futebol e papai me levou para ver o jogo. Lembro-me de que quando o jogador caiu em campo, quatro homens o socorreram imediatamente, carregando o homem desfalecido nos braços: já estava sem vida! Acho que fiquei um mês com muito medo daquela morte e quase não conseguia dormir nos primeiros dias. Passar na frente daquele cemitério me trazia tristes lembranças, mas logo esquecia o episódio. Com a velocidade do ônibus, outras paisagens se desenhavam na janela: lavouras, gado, matas, baixadas e riachos, até chegar ao destino esperado.

Iepê era uma cidade feliz, situada entre suaves elevações. Ruas estreitas e bem arborizadas. Se eu pudesse – pensava – moraria lá e não voltava mais para a Fazenda São João. "Que lugar maravilhoso para morar!". Gente bonita e bem vestida, casas de madeira pintadas nas mais variadas cores, ruas asfaltadas, energia elétrica, escolas, armazéns[9], farmácias, lojas, a igreja de São João Batista no alto de uma escadaria, no centro de uma pequena praça com belas plantas. Nessa praça havia uma gruta recoberta de hera e em seu interior uma imagem de Nossa Senhora de Lourdes. Ao lado, jorrava água de uma fonte artificial numa pequena pia de cimento. Lá, minha mãe fazia suas orações pedindo proteção à Virgem para toda a família. Depois, acendia uma vela para a Santa e recolhia água benta em uma garrafa e levava para casa. Aquela cidade despertava em mim o desejo de um sonho distante. Era o lugar em que eu gostaria de poder viver um dia. Eu ficava pensando comigo mesmo: "Ah! Se morasse aqui,

---

9 Tipo de comércio onde se vendiam alimentos, ferramentas agrícolas, etc.

eu poderia estudar em uma boa escola e não precisaria caminhar tanto diariaménte para ir às aulas". Esqueceria de vez a longa estrada de areia que nos levava a Nantes, fossem dias de sol, de chuva ou no frio.

Certa vez, quando regressávamos de Iepê, havíamos desembarcado em Nantes e andávamos a pé para casa. No meio do caminho, vimos o céu escurecer ao sul na direção do Rio Laranja Doce. Um vento forte começou a soprar, levantando poeira e folhas secas. Minha mãe comentou, enquanto verificava em seus pertences, se havia lembrado de trazer o seu guarda-chuva. Sim, trazia consigo e assim protegeria pelo menos os filhos menores. Abriu o guarda-chuva e apressamos o passo. Mas de nada adiantou, pois uma lufada de vento forte nos fez estancar a marcha. Mamãe procurou algo para nos abrigar e lá adiante corremos até alcançar o mourão de uma porteira.

Raios poderosos seguidos de trovões ensurdecedores começaram rapidamente. O vento forte assoviava na cerca e virou o guarda-chuva do avesso. Corríamos agarrados às vestes da mamãe em direção ao mourão na vã tentativa de nos abrigar. Ao chegarmos, puxou-nos para perto de si e ficamos todos agachados de encontro ao poste de madeira. O medo dos raios e trovões nos deixava paralisados, e aqueles instantes pareciam intermináveis. Mamãe começou a rezar para a Virgem Santíssima, pedindo proteção para todos nós expostos àquela intempérie. Estávamos ensopados, tremendo de frio. Corremos em direção à casa de Zé Lagoa, capataz daquela fazenda. Cortamos caminho correndo pelo pasto e chegamos lá. Minha mãe bateu palmas e a dona da casa surgiu na porta e nos convidou para entrar. Era uma conhecida distante da minha mãe. Vendo nosso deplorável estado, encharcados como estávamos, tremendo de frio, ela nos emprestou algumas roupas. Depois, nos serviu um café bem quente com bolinhos na gordura. Naquele momento, compreendi o verdadeiro sentido de solidariedade. Minha mãe ficou muito agradecida e partimos ao terminar a tempestade.

Aos oito anos, meu pai me matriculou no segundo ano no Grupo Escolar de Nantes, onde meus irmãos mais velhos haviam estudado até interromperem seus estudos para trabalhar o dia inteiro na roça, ajudando o meu pai no sustento da imensa família. Naquela época, Zito, Onofre, Derivaldo e Neuzete estudaram somente até a quarta série do ensino fundamental, embora, posteriormente, tenham sido acrescentados alguns anos a mais de estudo em seu currículo, por conta própria.

Gerusa se casou na fazenda do tio Martinho e foi morar em Rancharia, capital do Algodão, como era conhecida. Naquela época, ela quase não vinha nos visitar. Quando vinha com meu cunhado, ela sempre se lembrava de trazer alguns brinquedos para os irmãos. Eram pequenos e lindos carrinhos de metal. Ficávamos felizes, e cada um achava que o seu carrinho era o mais bonito. Quem mais vinha nos visitar de Rancharia era o meu cunhado, Argemiro, muito amigo do meu pai. Eles eram como irmãos, ficávamos felizes quando ele chegava em casa porque era uma pessoa muito civilizada, um homem letrado e um bom contador de causos.

A mudança de escola me causou um grande choque, pois eu havia deixado para trás a minha escolinha querida e a minha angelical professora Dona Carmem. Agora, eu me deparava com uma escola enorme, com muitas classes, e uma grande algazarra no recreio. Fiquei totalmente perdido. Aqueles meninos de Nantes não eram humildes como meus antigos colegas de classe. Pareciam ser muito sabidos, exibidos e antipáticos, desumanos. Suas brincadeiras eram de mau gosto. Briguentos demais. Do nada vinham trocar socos.

Antes de irmos para a escola, passávamos na roça que ficava à margem da estrada, onde encontrávamos papai trabalhando, capinando o algodoeiro. Ele tirava do bolso uma nota de vinte cruzeiros e entregava para Silvino, para que ele comprasse a nossa merenda escolar, que apenas consistia em um pãozinho doce para ele, um para Gino e um para mim. Quando ele não tinha dinheiro, autorizava um amigo da cidade a nos vender e a lançar na caderneta de "pendura", e ele acertaria quando fosse à cidade.

O meu irmão caçula, Anacleto, nasceu no início de maio e me lembro que o então presidente Castelo Branco governava o país. Era uma manhã fria e chuvosa no início de maio e mamãe me chamou em seu quarto e me pediu para ir à casa de tia Celeste chamá-la para vir fazer o parto. Pediu-me também que levasse uma pequena vasilha de alumínio com tampa para que eu também pedisse emprestado um pouco de farinha de mandioca, que estava faltando em casa. Naquele dia, eu faltei à escola e peguei a estrada oposta que conduzia à roça do meu tio Genivaldo. A estrada estava escorregadia e o barro vermelho grudava nas alpargatas, dificultando a caminhada. Minha mãe me pediu para avisar a tia Celeste que ela havia entrado em trabalho de parto naquela manhã, para que ela se apressasse em vir. Assim que cheguei em sua casa, ela me recebeu com surpresa por aparecer naquela hora do dia. Dei o recado e imediatamente ela foi se arrumar para atender ao pedido da irmã. Enquanto ela se arrumava, disse para Aliolete:

– Aliolete, venha cá! Vá fazer umas "pipuquinhas" para Jaime de Rainha, enquanto eu me arrumo para ir ver a minha irmã.

Retornei para casa em companhia da tia Celeste, que levava seus apetrechos para fazer o parto, e eu trazia a vasilha com a farinha para o nosso almoço. Caminhamos em passo rápido e logo chegamos. Ela entrou no quarto e pediu para que ninguém se aproximasse de lá, porque não era coisa para criança bisbilhotar. Alguns minutos depois, ouvimos da cozinha o choro de um bebê vindo do quarto, então ela mandou uma moça que a ajudava avisar a família que era um menino e que havia nascido com saúde.

4. Promessa

Naquela safra, recebemos a visita de um parente distante que morava em Pirapozinho e estava hospedado na casa da tia Celeste. Chamava-se Raimundo. Ele tinha vinte e dois anos, magro, moreno claro, elegante, galanteador e andava sempre perfumado. Gostava de usar chapéu de baeta preto e usava terno no dia a dia. Quando lhe perguntavam sobre seu pai, ele afirmava categoricamente que era um fazendeiro que possuía grande rebanho de gado de corte lá no Pontal do Paranapanema.

Um dia, esse jovem foi lá em casa na companhia do Onofre e pernoitou em casa. Conversou animadamente com a minha mãe sobre diversos assuntos. Disse que já havia morado há alguns anos no Rio de Janeiro, mas que preferiu voltar para a companhia dos pais para ajudar nos trabalhos da fazenda. Agora, ele precisava de uma companheira, uma moça direita, prendada e bonita como Neuzete para se casar e morar na fazenda. O jovem tinha boa lábia e logo também conquistou a simpatia do papai.

Em poucos dias de namoro, ele já pediu a mão de Neuzete em noivado e meu pai concordou. Minha mãe pressentia algo de estranho naquele rapaz, mas não tinha razões suficientes para desconfiar de seus propósitos. Sabia que ele estava apaixonado pela Neuzete, que naquela época, era uma adolescente de catorze anos muito bonita e ingênua. Em um sábado à tarde, ele veio em casa na companhia do meu irmão Onofre e pediu a papai para se hospedar por mais uma noite. Proseou com meus irmãos, com a minha mãe e contou encantadoras histórias para agradar à Neuzete. Ela preparou, com carinho, o quarto para que ele dormisse. O jovem – não se sabe se para impressionar a noiva –, ao dormir, verteu no colchão todo um frasco de uma extravagante e forte colônia masculina que usava diariamente. De manhã, quando minha irmã foi arrumar o quarto, abriu a porta e sentiu o impacto daquela intensa fragrância que lhe causou ânsia de vômito e dor de cabeça. Ficou vários dias com enxaqueca causada pelo forte perfume que ele derramara na cama. O jovem tomou o café da manhã com os meus irmãos mais velhos e partiu para a casa da tia Celeste, e disse que de lá partiria em seguida para Pirapozinho.

Dias depois, tia Celeste estava conversando com a minha mãe para contar um fato que nenhuma das duas poderia suspeitar que pudesse ocorrer com Neuzete:

– Rainha, Aliolete me disse que tinha ido com Edite para a roça colher algodão na segunda-feira de manhã e passaram na estradinha que liga as nossas casas. No meio do caminho, naquela choupana abandonada, viram um vulto por entre as frestas da parede de lascas de coqueiro. Correram e se esconderam, agachando-se atrás de uma moita. Dali a uns instantes, viram andar no terreiro o primo Raimundo! Então, Aliolete comentou:

– Edite, o Raimundo não pegou a mala ontem à tarde e disse que ia viajar para Pirapozinho? O que ele está fazendo aí nesta cabana sozinho?

– Aliolete, acho que ele mentiu para nós e está esperando Neuzete passar por essa estradinha para raptá-la e fugir com ela para bem longe! Vamos voltar e avisar a mamãe do perigo que Neuzete está correndo.

– E foi, foi? Celeste?

– Sim, Rainha. É duro a gente falar assim de um parente nosso, minha irmã. Mas agora você pode ter certeza de que Raimundo não é uma pessoa de confiança. Ele não tem boas intenções com a Neuzete.

– *Vixe Maria*! Celeste, vou falar com Eutimo e não vamos deixar acontecer o casamento dele com a nossa filha!

– Isso mesmo, Rainha! Não deixe Neuzete se perder com esse sujeito, ele não é boa bisca!

– Deixo não, Celeste!

– Tu *visse* [10]alguma vez um homem de bem agir como fez o Raimundo? O que é aquilo, Rainha?

– Sei não, Celeste. Só sei que não vai ter casamento não, eu te garanto!

Depois desse acontecimento, ele ainda foi falar com meu pai a respeito do futuro casamento, mas logo papai lhe disse que não iria consentir esse enlace de Neuzete com ele. Que terminassem o noivado de uma vez e colocassem uma pedra no assunto. O jovem ficou cabisbaixo, e nada respondeu. No dia seguinte, foi embora e nunca mais tivemos notícia de seu paradeiro.

---

10 Tu viste.

5. Mudança

A safra de algodão de 1964 havia terminado e tinha sido excelente, não obstante a nossa área cultivada fosse de apenas seis alqueires. Minha mãe contava que ela e Zito haviam sugerido a meu pai para aproveitar aquele dinheirinho para buscar uma colocação na cidade em outra região, para que as crianças pudessem estudar e assim a família tivesse um pouco de conforto.

Meu pai plantou capim colonião na roça, após a colheita do algodão, como havia combinado com o fazendeiro ao entregar o arrendamento depois do vencimento do contrato. Esse fato lhe trazia grande preocupação, pois teria que conversar com a família para ouvir a opinião da mamãe e dos meus irmãos Zito e Onofre, e somente depois tomar uma decisão a respeito da nova colocação.

Avelino, irmão mais novo do fazendeiro, um jovem recém-formado em economia na capital, ganhou do pai uma enorme fazenda no norte do Paraná, situada no município de Santo Antônio do Caiuá. Situada às margens do Rio Paranapanema ao norte, ao leste era limitada com o Ribeirão Caiuá, e ao sul com a Fazenda Boa Vista. Esta era formada em pastagem de gado de corte, tinha uma linda sede próxima ao Ribeirão Caiuá, e nela havia uma roda-d'água para gerar energia, poço artesiano, uma bela casa de alvenaria, branca, cercada por um lindo jardim, pomar, piquete para animais, um curral bem feito, umas casinhas para os empregados próximas a uma ponte de madeira sobre o riacho, na estrada que conduzia para Santo Antônio do Caiuá. Tinha uma área de aproximadamente sessenta alqueires e ficava a uns dezoito quilômetros distantes da cidade.

A nova área a ser desbravada era contígua à Fazenda Boa Vista e tinha aproximadamente quinhentos alqueires. Estava coberta de mata virgem, mais precisamente a Mata Atlântica, chamada de Fazenda Espigão, onde se encontrava grande variedade de árvores, como peroba, jequitibá, angico, amendoim, araçá-amarelo, aroeira, canela, cabreúva, cana-fístula, canela-rosa, cebolão, cedro, cereja-do-mato, guajuvira, guaritá, cedro, imbaúba, ipê-amarelo, ipê-branco, ipê-roxo, jabuticabeira, jacarandá, jaracatiá, jatobá, jenipapo, manacá da serra, marfim, pau-d'alho, pau-brasil, pau-ferro, peroba-rosa, sobrasil, palmeiras nativas como jerivá, entre outras.

Havia também inúmeros animais selvagens de muitas espécies, como anta, bugio, cachorro-do-mato, capivara, cateto, cervo, cotia, gato-do-mato, jaguatirica, lontra, onça-pintada, ouriço-preto, quati, macaco-prego, mico-leão-de-cara-preta, paca, preá, rato-do-mato, saruê, tamanduá-bandeira, tatu-galinha, tatupeba. Répteis diversos, como teiú, calango-verde, cobras caninana, cascavel, coral, jararaca, jiboia, urutu-cruzeiro, serpente olho-de-gato, entre outros. Anfíbios como sapo-cururu, sapo-martelo, sapo pingo-de-ouro, perereca-da-mata, rã-de-cachoeira e rã-goteira. Aves como araponga, arara-vermelha, arapaçu-grande, azulão, bem-te-vi, choca-barrada, codorna, coruja-do-mato, gavião-de-penacho, graúna, jaó, juriti, maria-faceira, mocho, perdiz, papagaio de várias plumagens predominando o verde, maritaca, macuco, periquito-do-coqueiro, periquito-rico, pica-pau-anão-de-coleira, tucano, sabiá, uirapuru-laranja, suindara, saracura-do-mato, urutau, tesoura-do-brejo, trinca-ferro e inhambuaçu.

Meu pai recebeu o convite do fazendeiro e o aceitou, iria com várias outras famílias abrir a fazenda no Paraná. A proposta era de uma área inicial pequena, mas depois seria transferido para uma gleba maior. Meu pai iria derrubar a mata e plantar a sua roça de algodão mediante o pagamento de vinte por cento de renda, com contrato firmado com o fazendeiro, que ofereceria as sementes e os defensivos agrícolas para descontar no final da safra. Durante a entressafra, também oferecia para cada família um valor em dinheiro suficiente para comprar alimentos no comércio da cidade próxima. No final da colheita, o fazendeiro descontava tudo isso e entregava algum saldo positivo ao arrendatário, caso sobrasse.

Quando a safra era excelente, sobrava um dinheirinho para as famílias; quando não, os arrendatários ficavam endividados com o fazendeiro. O contrato era por um prazo de apenas três anos e no término desse período, o arrendatário era obrigado a entregar a terra com capim plantado para a formação de pastagens que secundavam sempre as áreas inicialmente derrubadas e utilizadas para a cotonicultura.

Papai falou em casa para minha mãe e meus irmãos mais velhos sobre a proposta que recebera para se mudar para a nova fazenda no Paraná. Mamãe, contudo, ponderou:

– Olha, meu velho... Acho melhor você pegar esse dinheiro da safra e comprar um terreno na cidade e a gente constrói uma casinha de tábuas. Na cidade, os meninos poderão estudar e arrumar emprego, e depois de algum tempo a gente fica numa situação bem melhor do que aqui, vivendo nesses arrendamentos.

Zito, o mais velho, que ajudava muito meu pai na lida da roça, revoltou-se com a proposta apresentada e a repudiou energicamente.

– Olha, papai! Se o senhor quiser ir para o Paraná, faça como achar melhor, mas não conte comigo. Eu não gosto do Paraná e quero ficar aqui no estado de São Paulo, aliás vou continuar morando aqui perto. Vou amanhã à casa de Deolindo e vou pedir emprego a ele. Quero trabalhar com trator, não quero mais capinar roças! Nem quero pensar em derrubar matas!

– Tá bom, Zito! Deus te acompanhe! Vou com o restante da família.

Na noite seguinte, Zito falou novamente sobre o assunto com meus pais após o jantar:

– Papai, mamãe, quero confirmar minha decisão e não vou com vocês para o Paraná. Estive hoje conversando com o Deolindo. Comentei que o senhor vai se mudar para o Paraná e que eu gostaria de ficar por aqui mesmo. Disse-lhe também que se não encontrar colocação aqui, vou para outra fazenda na região ou mudo para Rancharia. Ele ouviu com atenção e me respondeu que gosta do meu trabalho e que gostaria que eu continuasse trabalhando para ele, assim como tenho trabalhado nesses últimos meses que o senhor me liberou para ajudá-lo em sua lavoura. Disse que eu podia pegar a minha mala de roupas e ir para a casa dele que ele arranjaria um quartinho para eu me alojar e que me daria também comida para descontar do meu salário. Aceitei sem pestanejar, papai. Agora só tenho a dizer ao senhor e a minha mãe: Adeus!

Meu pai, resignado, respondeu lacônico:

– Se você não quer ir, que fique, Zito, se acha melhor assim!

Já minha mãe falou entre soluços:

– Meu filho, vamos com nossa família para o Paraná! Olha... Seu pai precisa tanto de você para ajudá-lo nos trabalhos da roça. Além do mais, sentirei um aperto em meu peito de vê-lo ficar para trás quando o caminhão da nossa mudança estiver de saída e eu tiver que deixar para trás um filho tão querido. Ah, Zito, não me dê tamanha tristeza, filho! Escute-me: Cícera Sete Fia não é a mulher ideal para ser a sua sogra! Eu não quero ver um filho meu, sangue do meu sangue, casado com uma de suas filhas. Oh, Senhor! Tem piedade de mim! Eu não vou suportar esse desgosto, não!

Uma filha de Cícera sentia atração por Zito, mas minha mãe não gostava nada da ideia de ter seu filho envolvido em um namoro com uma daquelas moças. Nunca chegou a comentar o porquê dessa cisma, talvez por percepções femininas que escapam à compreensão de crianças.

Não somente a mamãe ficou deprimida com a decisão do Zito, mas todos os demais irmãos ficaram tristes com a saída de casa do irmão mais velho e lamentamos por muito tempo esse episódio. Por ironia do destino, quando já estávamos no Mato Grosso do Sul, soubemos que o Zito morava em Campo Mourão, no Paraná, onde muitos anos mais tarde veio a falecer e lá seu corpo foi sepultado.

6. Olaria

Em junho de 1965, chegou um lindo e novo caminhão Chevrolet de cor azul turquesa e carroceria de madeira para carregar a nossa mudança. Toda a família ajudava a carregar os móveis, utensílios, ferramentas, animais e plantas em vasos para colocar sobre a carroceria do caminhão, e o motorista ia cuidadosamente arrumando da melhor forma para que ficassem o mais protegidos possível dos solavancos da estrada de chão até o Paraná. Eu sentia imensa alegria naquele momento. Um mundo novo iria se descortinar para nós.

Muitas outras famílias, tanto da Fazenda São João como de outras fazendas, tomaram o mesmo destino que o nosso naquele ano. Aproximadamente cem famílias fizeram a mudança para a Fazenda Espigão, no Paraná, depois de terminada a colheita daquele ano.

A Fazenda Espigão ficava nos fundos da Fazenda Boa Vista, seguia-se por uma picada entre as matas até chegar à margem do grande Rio Paranapanema, onde se localizava a olaria desativada, com o seu imenso barracão para secagem e estoque de telhas ali fabricadas. Bastava caminhar alguns metros e podíamos ver o leito do rio, e atravessando-o de barco chegava-se ao município de Euclides da Cunha, Estado de São Paulo. Da margem do rio podíamos ver, mais à esquerda, a bela formação rochosa coberta por matas, chamada naquele tempo de Serra do Diabo, atualmente denominada de Parque Estadual do Morro do Diabo, no Pontal do Paranapanema, perto de Teodoro Sampaio.

A Serra do Diabo era deslumbrante e enigmática aos nossos olhos. Quase sempre ela era vista envolta em nuvens no topo, e esse fenômeno natural nos levava a imaginar que lá deveriam habitar muitos espíritos da mata. Meu primo Calixto disse que quando acompanhava o tio Zé Nivaldo em caçadas naquela região, uma vez, chegou a ver uma caipora atrás de um tronco apodrecido de uma árvore, que saíram correndo e desistiram da caçada. Certamente aquele nome assustador que foi dado àquela serra não foi à toa. Ali deviam morar caiporas, sacis e mulas sem-cabeça!

A velha olaria era movida por uma caldeira a vapor pintada de preto, com rodas raiadas, uma grande e outra menor, por onde passavam as correias que interligavam toda a engrenagem para o processo de fabricação de telhas e tijolos. A olaria também era próxima a um barracão. Lá ainda estavam empilhadas algumas centenas de telhas e muitos tijolos.

O grande barracão utilizado pelo dono anterior ao Avelino para secagem e estocagem dos produtos ficava distante da olaria uns cem metros. Tinha umas quatro cumeeiras e, por serem longas demais, as vigas principais apresentavam uma curvatura devido ao peso das telhas. Naquele lugar aberto nas laterais, sem divisórias, restavam apenas milhares de engradados de madeira. Depois, eles foram utilizados pelas famílias para divisórias, já que não havia paredes para separar umas das outras. Esse barracão era o abrigo provisório das famílias enquanto aguardavam a derrubada da mata que cobria a sua gleba; ali construiriam suas casas de madeira e ocupariam suas terras arrendadas para ter privacidade e um relativo conforto não encontrado até então.

Esse acampamento ficou marcado por tristes lembranças da minha mãe ao se recordar, ainda hoje, daqueles tempos de sofrimento vivenciados ali pela nossa família. Para terem alguma privacidade, as pessoas precisavam fazer um cortinado com lonas ou cobertores, fixando-os por trás da parede vazada, feita com os caixotes de madeira nas partes em que os poucos móveis, como guarda-roupas e armários de cozinha, eram insuficientes para fazer uma divisória. Não havia poço, a água de beber era retirada de uma mina. Não havia sanitários, nem mesmo lugar para banho em casa a gente tinha. As mulheres e moças improvisavam umas cortinas de chita ao lado dos guarda-roupas e colocavam grandes bacias galvanizadas com água que traziam em baldes da lagoa próxima, e ali se banhavam e banhavam as crianças de colo e as meninas. Os homens e os meninos grandes tomavam banho no Rio Paranapanema, que ficava perto da olaria. Neuzete e suas amigas lavavam as roupas num pequeno lago próximo à olaria, eu e Gino tomávamos banho naquelas águas escuras devido ao acúmulo de lodo no fundo do lago, onde havia muitos caramujos. Nada de luz elétrica, nem a motor. À noite, só havia o tremeluzir de chamas avermelhadas de lamparinas a querosene nas residências. Lá fora, um e outro usava uma lanterna a pilha para andar no quintal.

A única coisa que nos alegrava um pouco era quando íamos brincar na olaria. Andávamos e mexíamos em tudo: caldeira, bolandeiras, polias e correias, esteiras. Ali, juntavam-se todos os meninos e os rapazes que, por um motivo ou outro, não puderam ir para a derrubada com seus pais. Foi lá que eu aprendi muita coisa sobre a vida adulta, ouvindo as conversas dos rapazes. Eu era totalmente inocente aos nove anos. Tudo que eles falavam causava-me espanto. A sós, eu me questionava se a conversa daqueles rapazes amigos do Silvino seria verdadeira a respeito da relação homem-mulher. Cada rapaz era mais valorizado pelo número de experiências sexuais que dizia haver experimentado. Lá eu aprendi a falar palavrão, numa ânsia de autoafirmação e aceitação pelo grupo. Até inventava histórias só para ser admirado por eles.

Os pais de família compravam fiado no armazém autorizado pelo fazendeiro. Um conterrâneo do meu pai, João Pindoba, além de ter a maior área arrendada, com cem alqueires, era o mais rico de todos. Sua família morava em Paranavaí. Ele explorava o comércio com a ajuda de seus dois filhos, Zeferino e Patrocínio. Tinha uma caminhonete Toyota, a diesel, de cor esverdeada e carroceria de madeira. Ele detinha a concessão do armazém e era ele quem definia o valor de suas mercadorias como lhe convinha, e ninguém questionava o porquê da compra ir para a caderneta da pendura que seria paga somente na safra. O armazém fornecia a cada família os itens que o próprio fazendeiro recomendava. Cada um tinha uma caderneta e a levava consigo sempre que ia fazer suas compras. Nela ficavam registrados os itens que o pai daquela determinada família retirou, a quantidade, o peso, a data e a assinatura do comprador.

Meu pai costumava comprar arroz, feijão, café, farinha de mandioca, banha de porco, sal, açúcar cristal e sardinhas secas salgadas. Raramente encontrava ou teria direito a um pedacinho de charque. Todos esses itens eram racionados. Comprava-se não aquilo que a família necessitava, mas tão somente o que o dono do armazém entendesse que deveria vender. A caderneta continha a data da compra, a relação das mercadorias vendidas e o preço do dia. Quando alguém adoecia e estava passando mal, João Pindoba levava a pessoa com a sua caminhonete para se tratar na cidade. Em Santo Antônio do Caiuá, naquela época, não havia hospital, e caso alguém precisasse, teria que ir para São João do Caiuá.

Sob as condições econômicas em que viviam, as famílias estavam sempre endividadas. Somente quando ocorria uma safra extraordinária elas conseguiam pagar as dívidas junto ao fazendeiro, a renda, os insumos, pequenos adiantamentos em dinheiro e a conta do armazém. Se sobrasse algum dinheiro, os trabalhadores compravam novas roupas e alguns mimos para a esposa e filhos. Não passávamos maiores privações lá em casa porque mamãe costurava nossas roupas e remendava até o limite do possível as roupas usadas. Quando não podíamos comprar tecidos, ela utilizava os sacos brancos de semente de algodão para as camisas, lençóis, roupas íntimas masculinas e femininas, acolchoados, capas de colchão, toalhas de mesa, de banho e panos de prato. Em cada saco branco havia uma grande marca redonda com letreiros, mas que não saia de jeito nenhum na fervura. Frequentemente a marca da semente era vista estampada em nossas camisas, outras vezes, mamãe tingia a peça com tinta marrom ou azul para disfarçar um pouco a origem do tecido.

Papai e tio Genivaldo eram bons caçadores. O reforço alimentar da família vinha das matas onde eles traziam semanalmente caças, entre elas, queixadas, tatus, capivaras e pacas. Sem isso, acho que os homens não teriam forças para trabalhar na derrubada de matas, com foices, machados e traçadores[11]. Ele tinha uma espingarda winchester seminova, e muitos cartuchos eram sempre deixados de forma displicente, talvez por falta de um lugar seguro para guardar – tanto a espingarda como a munição. Quando ele estava na roça, eu e Gino brincávamos com a sua espingarda e a manuseávamos quanto queríamos. Pegávamos pólvora e espoletas para brincarmos. Em um tronco de madeira lavrado fazíamos um furo com um prego 18x24, enchíamos de pólvora e batíamos com um martelo, ocasionando uma forte explosão. Outras vezes, fazíamos uma trilha fina de pólvora e colocávamos fogo somente para ver a fumaça preta se levantar, incendiando o carreiro. Quando acabava o estoque de pólvora, usávamos as espoletas. Nós as colocávamos viradas para baixo e batíamos um prego com o martelo, até a explosão ocorrer. Quando relembro desses fatos, admiro não termos sofrido algum acidente grave com esse tipo de brincadeira.

As matas também nos forneciam outros alimentos maravilhosos, como mel, palmito e jabuticaba, assim como muitos coqueiros de jerivá, que davam pequenos e saborosos frutos e mastigávamos a polpa. Esses itens da nossa dieta eram trazidos pelos meus irmãos mais velhos. Algumas vezes, eles me levavam para ajudar a tirar o mel das colmeias ou a apanhar jabuticabas nos pés.

No período em que moramos na olaria, enquanto meu pai e os irmãos mais velhos se ocupavam na árdua lida da derrubada, eu e Gino levávamos almoço para eles na mata. Adentrávamos a floresta e sentíamos um ar fresco, um cheiro agradável que exalava da mata. Cheiro de

---

11 Serra de aço com dois cabos de madeira nas extremidades, que os trabalhadores seguravam para puxar alternadamente, em movimento horizontal, para cortar os troncos.

folhas verdes, flores variadas; cheiro de terra úmida. Eu sentia uma sensação agradável e ao mesmo tempo indefinível. Era uma constante expectativa de nos depararmos com algo inesperado como a presença de um bicho selvagem. Não sentíamos medo, apenas andávamos com cuidado e atentos a tudo à nossa volta. Era o melhor momento para nós, porque a cada dia uma nova aventura se deparava aos nossos olhos. Ora um bicho trepado no alto de uma árvore, ora uma colmeia. Outras vezes, ouvíamos o barulho de um bicho correndo por entre o mato e Gino me perguntava:

– Você viu o que eu vi passar ali adiante?

– Não. O que foi, Gino?

– Não deu para ver direito, mas acho que era um cervo. Era muito veloz!

– E se for uma caipora, e não um bicho do mato? Vamos correr, Gino!

A nossa corrida por entre a mata assustava os macacos, que faziam um grande ruído nas copas das árvores. Eram macacos-pregos em bandos, agitados com os nossos movimentos. Nessas caminhadas diárias, víamos frequentemente preguiças, preás, teiús, pacas e calangos, cobras e sapos sob folhas secas caídas no chão. Pássaros cantavam alegremente, voando em bandos por sobre o arvoredo. Ao longe, o canto agudo de uma araponga, ou o canto do trinca-ferro. À tarde, somava-se ao ruído da fauna na floresta o cantar de inúmeras cigarras. Ao sair da mata, nos deparávamos com a terra coberta de troncos e galhos cortados, e as folhas ressequidas que se desprendiam da galhada, forrando o solo. Aguardava-se o momento ideal de se fazer a queimada em agosto. Eu detinha meu olhar em cada detalhe, e também na visão geral daquele cenário, e sentia uma imensa tristeza. Olhava para trás e via a floresta virgem e imaginava que em pouco tempo ela estaria assim também.

Alguns bichos fugiriam para outra mata, outros morreriam. Os pássaros se salvariam em grande parte; morreriam apenas os filhotes nos seus ninhos e algum pássaro velho ou doente. Aquelas matas tinham tantos lindos pássaros! Araponga, azulão, trinca-ferro, corruíra, canário-da-terra, papagaio, maritaca-verde, periquito-rico, periquito-do-coqueiro, arara-vermelha, caburé, maçarico, sabiá, tiziu, beija-flor-roxo, beija-flor-da-garganta-verde, beija-flor-rajado, beija-flor-de-veste-preta, beija-flor, choca-barra, tesoura-do-brejo, pássaro-preto, tiê-sangue, tucano, gavião-penacho, macuco, urutau, alma-de-gato, cambacica, saíra-azul, saíra-verde, saíra-militar, saíra-sete-cores, saracura-do-mato, mariquita, sanhaçu-do-coqueiro, pica-pau-de-cabeça-amarela, pica-pau-anão-de-coleira, bico-de-lacre, teque-teque, jacuaçu, macuco, inhambuaçu, juriti, tangará, tirizinho-do-mato, surucuá-de-barriga-amarela, e coruja-da-mata.

Ao meditar sobre a queimada, eu relembrava o cantar da araponga e do trinca-ferro, e me entristecia pensar que eles seriam provavelmente extintos pelo fogo da queimada. Eu contemplava o cenário desolador da parte já derrubada. Um amontoado de árvores caídas no chão... os pássaros já não tinham mais os seus ninhos e os bichos haviam fugido para a mata virgem, desalojados de seu habitat. Teriam que buscar outras matas para sobreviver. Não se derrubavam todas as árvores. Muitas eram deixadas em pé, espaçadamente. Entretanto, nem sempre elas sobreviviam ao calor intenso. As labaredas lambiam furiosamente os seus troncos e elas quase sempre acabavam morrendo pela ação do fogo impiedoso. Poucas árvores resistiam ao intenso calor provocado pela queimada.

Os madeireiros retiravam a madeira de lei na mata virgem, antes da roçada inicial, onde se limpava o cipoal e os arbustos menores para facilitar a derrubada das árvores de grande porte. Na segunda gleba de papai, ganhei um dinheirinho com a retirada da madeira. Meu pai me deu a tarefa de cubicar a madeira que saía do nosso arrendamento. Cada caminhão de tora que saía da roça dele parava no terreiro de casa para que eu cubicasse a madeira e fizesse o romaneio em um talão de notas. No final da tarde, eu entregava ao papai para que ele guardasse os canhotos das notas até o dia da prestação de contas.

No mês de agosto, eram feitas as queimadas. Eram dias muito tristes para mim. O céu ficava azul-cinzento de fumaça e havia um corre-corre por todos os lados. Preocupação por parte dos homens envolvidos na tarefa. Precisavam confeccionar rústicas ferramentas, como vassouras, mas em lugar das cerdas vegetais, afixavam-se pedaços de borracha de câmara de ar de pneus de trator. Reforçavam o vestuário, colocavam panos amarrados ao pescoço para os momentos de fumaça quando o vento virava. Caminhões com trabalhadores na carroceria distribuíam aqui e acolá um pequeno grupo para tomar conta de determinada linha de queimada.

Eu e Gino corríamos para ver essas queimadas. Ficávamos a uns dois quilômetros de distância e víamos as línguas de fogo subirem altas, ouvíamos o crepitar das folhas. Colunas negras de fumaça subiam ao céu. Ficávamos várias horas observando o andamento da queimada.

Uma sensação desconfortável de medo e tristeza se abatia em mim ao contemplar aquele quadro de transformação da natureza em uma futura área de plantação. Então, naquele momento, eu relembrava cada detalhe da floresta, cada planta, cada bicho, cada pássaro e cada inseto. Muitos estariam ali ardendo em chamas!

Após a queimada, a primeira coisa a se fazer era juntar os galhos maiores e fazer coivaras. Quando ficavam secas, colocávamos fogo. Após esse procedimento, a gleba estava pronta para receber o primeiro plantio de algodão. Nem todas as árvores morriam nas queimadas, ficavam muito espaçadas entre si. Eram belas e frondosas árvores de peroba, angico, jatobá, canela e ipê. Elas davam beleza às lavouras de algodão. Eu não cansava de olhar e de admirá-las. Nunca havia dito a ninguém, mas eu as amava do fundo do meu coração! Era sob uma dessas lindas árvores que eu deixava minha moringa enquanto raleava algodão. Muitas vezes, eu parava extasiado e me punha a contemplar aquelas copas altas tão lindas, onde pássaros pousavam para descansar de seus voos. À noite, em torno de casa, a gente ouvia o piar melancólico de suindaras e sentia medo. Diziam que ela era uma ave agourenta, e que se passasse sobre a casa de uma família e cantasse, alguém ali morreria em pouco tempo.

7. Espalha

A primeira gleba que meu pai derrubou foi de doze alqueires. A necessidade premente que ele, em seu instinto paternal enxergou, foi de uma habitação. Construiu então um casebre de lascas de canafístula, vigas de peroba, cobertura de tabuinhas de cedro e chão batido. Era muito simples. Tinha dois quartos pequenos, um de casal, outro para Neuzete e Gildete, e mais um grande para os homens e meninos, uma sala e uma cozinha. Havia um pequeno banheiro contíguo onde foi colocado um chuveiro manual, elevado por uma roldana e uma corda que era amarrada em um grande prego na parede.

O poço era muito fundo naquele lugar. A primeira gleba que meu pai arrendou tinha uns vinte metros de profundidade, a segunda, trinta e cinco. Uma caixa de madeira alta com um sarilho, uma corda enrolada e um balde. O mictório era uma casinha de madeira, situada no terreiro, distante alguns metros de casa. Cavava-se um buraco de uns dois metros de profundidade, e sobre ele se assentava um assoalho de madeira com um recorte em forma de losango no meio. Geralmente, elas não tinham cobertura, somente as quatro paredes.

O ano de 1966 foi excelente para a lavoura. Chuvas regulares por todo o período, desde o plantio até a colheita. O algodoeiro, plantado com plantadeiras manuais por entre os troncos restantes da queimada, estava exuberante e a colheita foi promissora. Após a safra, papai livrou um saldo positivo que só não deu para fazer bons investimentos porque a área plantada naquele ano era pequena.

Comprou um cavalo com arado manual para o trabalho no campo, bicicletas para os irmãos mais velhos, alguns móveis novos para casa, cobertores e roupas de inverno e de uso diário para toda a família. As festas juninas na roça daquele ano foram inesquecíveis. Muitas comidas típicas e fogos de artifício ao redor das fogueiras por toda a colônia.

O inverno no Paraná era bem mais frio do que em São Paulo. Os dias de inverno eram sempre nublados e o vento gelado cortava o ar a ponto de nos congelar. Eu e meus irmãos fazíamos fogueiras durante à noite e pela manhã, para nos aquecer, mesmo porque o que não nos faltava era madeira seca para queimar, com tantos troncos pela roça. Nas fogueiras, enquanto nos aquecíamos, assávamos milho e batata-doce nas brasas. Naquela gleba, papai plantou diversos tipos de alimento para nosso consumo familiar; nem todos eram produzidos em São Paulo ou, se produziam, não tinham a qualidade dos alimentos feitos nas terras paranaenses. Em volta da nossa casa havia amendoim, milho, feijão, guandu, mamão, mandioca, inhame, batata-doce, abóbora, quiabo, maxixe, hortaliças. Minha mãe criava cabras, porcos e galinhas. Era uma época de fartura. Todo o grande sofrimento da vida de privações na velha olaria havia ficado para trás.

A primeira vez que ouvi falar em futebol foi ali. Um dia, um velho amigo nosso apareceu lá em casa com uma linda bicicleta nova, aro circular, lançada em homenagem à Copa do Mundo de 1966 na Inglaterra. Ele torcia pelo Botafogo, do Rio de Janeiro, e nos falava de alguns nomes de jogadores famosos da época, como Pelé, Garrincha e Eusébio, este último do selecionado português. Narrava com tristeza que a seleção brasileira, apesar de ser a favorita ao título daquele ano, havia decepcionado e se desclassificado na primeira fase do campeonato. Mas aquilo me soava tão longínquo, seria como se alguém nos falasse hoje de seres habitantes de um planeta descoberto em outra galáxia.

No ano seguinte, com o esporte bretão praticado naquela localidade, com um campo de futebol feito na gleba onde os homens se reuniam para jogar bola aos domingos e feriados, aprendi a gostar de futebol. Aos domingos, quando havia torneio de futebol da Fazenda Espigão, vinham participar equipes da Fazenda Boa Vista, do povoado de Cristo Rei e da Fazenda Maria do Céu e de Terra Rica. Papai comprava algumas caixas de frutas como caqui, laranja ou poncã para que eu vendesse. Os fregueses eram os torcedores das equipes participantes; eram arrendatários ou peões das fazendas. Eu vendia tudo, voltava para casa com o dinheiro das vendas e o entregava a papai, que me dava trinta por cento do total para eu gastar. Dessa forma, eu sempre tinha pequenas economias que podia gastar como bem quisesse. Uma satisfação imensa eu sentia ao comprar gibis do Pato Donald, Tio Patinhas e Mickey, quando eu ia para São João do Caiuá ou Paranavaí com meu pai.

Havia na olaria um restaurante rudimentar destinado aos peões solteiros, que trabalhavam na derrubada da mata e eram contratados pelas famílias. Eles ocupavam uma dependência coletiva na olaria. Esses trabalhadores diaristas comiam na pensão do seu Percival, um homem branco, alto, magro, mineiro, de 45 anos. Havia também um peão muito valente que fazia as refeições nessa pensão, um homem alto, forte, chamado Zé Piauí. Ele era frequentador da nossa casa por trabalhar para o papai durante a derrubada da nossa gleba. Durante a semana, ele tomava a refeição no restaurante e, nos finais de semana, ele ia para casa e ficava quase o dia inteiro conversando, ou com meu pai ou com meus irmãos mais velhos.

Mamãe não gostava daquele homem, talvez por perceber que o motivo pelo qual ele passou a frequentar a nossa casa era somente para poder se aproximar de Neuzete, por quem ele tinha indisfarçável atração. Minha mãe não perdia uma oportunidade de desestimular suas conversas e não deixava um momento sequer ele ficar a sós com Neuzete. Mas ele pouco se importava com a sua vigilância constante ou com suas indiretas. Muitas vezes, ele levava algum tipo de carne de cabrito, de porco ou de vaca, e pedia para que ela fizesse um bom prato, do seu paladar. Como teria que preparar qualquer outra mistura para a família, ela acabava atendendo ao pedido do Zé Piauí.

Mamãe sabia fazer deliciosos pratos típicos da cozinha nordestina, e o que o pretendente mais gostava era de buchada de bode e sarapatel. Ele comia até não poder mais, e depois se deitava numa rede e começava a elogiar a comida, mas ela nem lhe respondia nada. Depois, ele puxava assunto com Onofre ou Derivaldo sobre coisas da roça, jogava *puias*[12] a tarde inteira. Aqui e acolá, ele aproveitava para dar uma piscadinha para Neuzete.

– Dona Rainha, mas não é por falar não, viu! Hein, hein, sua filha Neuzete é uma moça muito bonita, viu? Feliz do rapaz que se casar com ela!

– Nem sei se Neuzete é tão bonita como você diz, Zé Piauí. Tem tantas moças bonitas em toda a colônia,

---

12 Desafio com rimas obscenas, do interior do Paraná, na década de 70.

não é? Veja a Glorinha, foi até eleita Miss Espigão na festa da colheita esse ano. Você não acha que ela é a mais bonita da Fazenda Espigão?

– Acho não, Dona Rainha!

– Ela tem tantos pretendentes...

– Menos eu, Dona Rainha.

Então, mamãe mandava Neuzete se retirar para fazer uma tarefa bem demorada, como passar uma pilha de roupas em outro cômodo da casa, só para se afastar da visita. Alguns minutos depois, ele ia embora.

Seria o primeiro ano de cultivo de algodão naquelas terras recém-desmatadas. Então, eu me lembro que estávamos brincando no terreiro numa linda manhã de sábado, quando Silvino chegou assustado, dizendo alto para todos nós:

– Estive com o Patrocínio do seu João Pindoba há pouco, e ele me disse que o Zé Piauí matou o seu Percival após uma luta corporal, e o motivo foi um desentendi-mento em função do acerto de contas das refeições. Ele não concordou com o valor cobrado, discutiu, lutou com a vítima, sacou a peixeira e tirou a vida do pobre homem.

A estrada que vinha da olaria e conduzia à cidade passava em frente da nossa casa. Pouco tempo depois que Silvino havia nos dado a notícia do crime, a caminhone-te do seu João Pindoba despontou na estrada. Minutos depois, parou em frente de casa para conversar alguma coisa com papai. Trazia em sua carroceria o corpo ensan-guentado do pobre homem, que seria levado para a cida-de e entregue à polícia para as devidas providências. O corpo estava coberto por uma lona, que os meninos curio-sos logo descobriram para ver. Eu me recusei a subir e a olhar, porque estava com muito medo naquele momento. Meu coração batia acelerado, um misto de frio e calor que eu sentia em todo o corpo. Uma inquietação tomava conta de mim. Aflição. Tristeza. Medo. Tudo tão intenso e simultâneo! Voltei rapidamente para casa e lá isso foi o assunto dominante por toda a tarde e por longos dias consecutivos.

Durante muitos dias, fiquei sem conseguir dormir direito de tanto medo do homem assassinado e também do criminoso. Ele era um antigo frequentador da nossa casa, além de ter trabalhado para meu pai. Imaginava que a qualquer momento ele poderia voltar e se esconder em casa, pedir para que meu pai despistasse a polícia. Quando começava a cochilar, vinha a lembrança do falecido. Sua voz parecia ecoar em minha mente. Muitas vezes, pedi a papai para acender a lamparina e deixá-la acesa até que eu conseguisse dormir. Eu me perguntava por que o Zé Piauí havia matado aquele homem, que me parecia tão boa pessoa. Não cheguei a conversar pessoalmente com ele, mas sempre o via passar em frente de casa, ele me cumprimentava e sorria. Que motivos teria alguém para destruir outra pessoa de maneira tão cruel? Depois que meu pai apagava a lamparina, eu ouvia o canto lúgubre de uma suindara que sempre cantava tristemente próximo a nossa casa. Então, muitas superstições me ocorriam, como de que tal canto seria uma nova tragédia que poderia acontecer. Meu coração disparava e depois desacelerava, parecia que queria deixar de bater. E eu pensava: "Vou morrer! Ai, meu Deus, me acuda! Eu quero viver!"

Noites e noites de pesadelo eu tive devido a esse episódio. Outros momentos de terror, não só para mim como para Neuzete, que também era muito medrosa, era o fato de que quando morria algum vizinho, eles mesmos faziam o caixão de tábuas de cedro. Meu pai tinha muitas ferramentas de carpintaria, porque ele construía nossa casa e os barracões para as máquinas. Então, era muito comum sermos surpreendidos altas horas da noite com o bater de palmas em nossa casa:

– Seu Timo! Seu Timo! Sou Luís Molungu! Venho pedir emprestado seu serrote, pregos e martelo para fazer o caixão de um homem já de idade que morreu à noitinha na colônia. Ele estava muito adoentado essa semana e não resistiu à tarde, então o levaram para a cidade e morreu antes de lá chegar.

Oh, meu Deus! Sentíamos grande pavor ao acordarmos com aqueles pedidos e notícias tão tristes naquela hora da noite. Eu não conseguia mais dormir. Tinha que deixar a lamparina acesa o resto da noite. Ficava imaginando as cenas da morte da pessoa anunciada, relembrava a sua fisionomia, seus gestos, passava em retrospectiva sua história conhecida por mim.

Penso que esses acontecimentos de minha infância determinaram, em parte, o fato de que os frequentes sonhos ao longo de minha vida têm sido com morte, velórios, túmulos e cemitérios. Nem mesmo o fato de ter sempre feito minhas orações antes de dormir foram suficientes para evitá-los. Desde criança, no início da década de 60, meu pai ia ao nosso quarto quando nos recolhíamos para dormir. Ele rezava o pai-nosso em voz alta, caminhando pelo quarto, e todos nós o acompanhávamos na oração. Se alguém se omitisse, depois ele mandava rezar sozinho. Somente dormíamos depois de dizermos:

– Sua bênção, papai, sua bênção, mamãe!

E eles sempre respondiam para cada um dos filhos:

– Deus te abençoe!

O seu Avelino mandou construir uma escola na fazenda. Era pequena, comportava no máximo trinta alunos. Feita de tábuas de peroba, sem pintura, coberta de telhas francesas avermelhadas; havia uma pequena varanda na frente, bancos duplos de madeira, uma pequena lousa. A professora era uma gaúcha, D. Zulmira, magra, morena clara; para mim era bastante inteligente, casada com um trabalhador rural, avulso, ele não tinha arrendamento. Eu, Gino e Gildete fomos matriculados nessa escolinha e nela estudamos por um ano.

No ano seguinte, meu pai me matriculou no Grupo Escolar de Santo Antônio do Caiuá. Havia sido implantada uma linha de ônibus da Fazenda Espigão, para a cidade que ficava a uma distância de dezoito quilômetros. Essa linha de ônibus atendia a demanda de estudantes da fazenda para frequentar os cursos da quarta e quinta série de admissão e do ginásio. Em Santo Antônio do Caiuá, a rede de ensino estadual atendia somente aos alunos da primeira à quinta série. Os cursos de admissão e o ensino médio, na época chamado de curso ginasial, eram oferecidos por uma escola particular. A linha de ônibus funcionou bem no primeiro ano de sua implantação. Havia dois horários, um de ida, às seis da manhã, retornando ao meio-dia, e outro às dez da manhã, retornando às dezoito horas.

Foi mais ou menos nessa época que ganhei um apelido do meu pai. Aliás, ele tinha o hábito de apelidar os familiares e amigos. O apelido que ele me deu foi "Espaia", que em seu dialeto sergipano significava "espalha", motivado pelo fato de que eu adorava pular sobre os fardos de algodão empilhados no paiol enquanto aguardavam o embarque da carga nos caminhões para o cotonifício. Não somente eu, mas Gino e Gildete me acompanhavam nessas brincadeiras no paiol nos tempos de colheita. Pulávamos como cabritos sobre os macios fardos e os espalhávamos por todo o piso. Depois, quando papai chegava da roça e entrava no paiol para verificar o algodão empilhado, ele se aborrecia ao ver tudo em desordem. O autor da bagunça nunca confessava. Então, ele sempre atribuía a mim tal arte.

Eu gostava do Grupo Escolar de Santo Antônio do Caiuá, que tinha uma arquitetura muito bonita para quem vinha da roça. Pena que ele ficava situado entre a igreja matriz e o cemitério municipal. Ainda, para completar o meu desconforto, a sala do quarto ano onde eu ficaria tinha uma ampla janela de vidro que dava para a rua. Seria ótimo se não fosse um pequeno problema que me incomodava por demais. Era costume naquele tempo o sino da igreja badalar avisando a chegada de um funeral. O catolicismo era a religião de praticamente toda a população daquela região. Era raríssimo vermos alguém professar outra religião.

Quando estava em aula, eu ouvia o sino tocar, reconhecia que era um funeral. Meu coração disparava, parecia que ia morrer tamanho o medo que se apossava de mim. Naqueles momentos, eu já nem prestava mais atenção ao que o professor dizia. Mal conseguia resolver os exercícios. Após alguns minutos do badalar do sino da igreja, eis que eu olhava para a rua e via um cortejo fúnebre que vinha descendo até passar de frente à minha janela e se dirigir para o cemitério, que ficava apenas a uma quadra da escola. Primeiro vinha um menino conduzindo uma cruz de madeira, logo atrás alguém trazia uma coroa de flores de crepom, azuis para homens, roxas para mulheres, cor de rosa para moças e brancas para crianças. Um pouco mais atrás, quatro homens a pé conduziam o caixão segurando-o pela alça. Muitas vezes, eu nem sabia quem eram os falecidos, porque não identificava conhecidos no cortejo. Outras, reconhecia algumas pessoas. Aí o sofrimento era maior. Acho que o dia mais terrível foi quando eu estava na sala e vi descer pela rua um cortejo fúnebre de uma mulher que havia bebido veneno e que morava na Fazenda Espigão. Quando vi passar aquele caixão roxo diante da janela e pessoas chorando desesperadamente, eu quase tive um infarto.

Uma coisa boa tinha na minha nova escola: uma deliciosa merenda e que não se limitava a uma porção somente, a gente podia até repetir! Tinha uma sopa de legumes, macarrão e carne com um tempero incrível, e nesses dias eu sempre pedia bis. Eu me dava bem com todos os colegas.

A safra do algodão em 1968 rendeu um bom dinheiro a todos os arrendatários. Todos eles pagaram suas contas junto ao proprietário pela renda de vinte por cento sobre a área. Pagaram com folga todos os insumos, como sementes e inseticidas. Além disso, saldaram os adiantamentos obtidos do arrendador durante todo o período da entressafra, na forma de parcelas mensais, para as famílias comprarem mantimentos. O fazendeiro detinha o controle da produção, visto que as cargas de plumas de algodão destinadas ao cotonifício de Paranavaí tinham seus romaneios registrados em nome do proprietário e não do arrendatário. Naquele ano promissor, todos os arrendatários saíram com um bom lucro.

Meu tio José Nivaldo foi um dos primeiros a deixar a fazenda e a comprar um sítio de doze alqueires no município de Alto Piquiri. Muitos foram para Gua-íra e Cascavel. Alguns amigos do papai que compraram terras em Cascavel o chamaram para conhecer a região. Falavam com entusiasmo sobre as perspectivas de pro-gresso que oferecia aquela região oeste do Paraná. Papai não se interessou, embora minha mãe desejasse que ele adquirisse um pedaço de terra na região de Cascavel.

8. Causos

Durante o verão, nas noites quentes de lua cheia, nos reuníamos após o jantar em frente de casa, sentados em grandes bancos de madeira que papai fazia para essa finalidade. Ali passávamos horas felizes, escutando as suas histórias. A que eu mais gostava de ouvir era "Eu caio", que ele contava repetidas vezes, sempre alternando outras histórias, geralmente de suspense ou de terror. Decorei essa história e também passei a contá-la para os meus amigos quando me pediam:

Um caixeiro viajante ia toda semana de uma cidade a outra em uma longa viagem de oito horas, montado em seu cavalo, vendendo suas mercadorias.

Certo dia acordou bem cedo, arreou seu cavalo e iniciou a sua viagem semanal de negócios. Queria chegar a seu destino ainda com o dia claro. Porém, um dia, depois de cinco horas de viagem, seu cavalo tropeçou num tronco de árvore na beira da estrada. Ambos caíram e o cavalo quebrou uma pata dianteira. Não dava mais para voltar para casa, nem seguir adiante. Então, ele decidiu seguir a viagem a pé mesmo e depois traria socorro para o seu cavalo. Caminhou, caminhou até que já estava escurecendo quando avistou lá adiante, na beira da estrada, uma velha casa entre um arvoredo. Decidiu ir até lá e pedir um pernoite ao morador.

Chegou devagar e desconfiado. Não viu ninguém. Bateu palmas, mas não teve resposta. Gritou:

– Ô de casa!

Ninguém respondeu. Empurrou a porta e entrou na casa. Acendeu com a sua binga uma velha lamparina que estava sobre um jirau. Tirou dos ombros seu alforje e colocou sobre o móvel perto do fogão a lenha. Tirou dele um pedaço de jabá e uma cuia feita de coité cheia de farinha de mandioca, que sempre carregava para comer durante as viagens. Alcançou um espeto que estava dependurado na parede e nele enfiou o pedaço de jabá para assar nas brasas do fogo que, provavelmente, algum outro viajante havia acendido naquele começo de noite.

Tudo estava bem, uma claridade avermelhada da lamparina alumiava toda a cozinha e o caixeiro estava sossegado. De repente, ele escutou uma voz:

— Eu caio!

Pensou consigo:

— Oxe! Não deve ser nada, somente o barulho do vento lá fora.

E outra vez ouviu a voz:

— Eu caio!

O caixeiro perguntou:

— Quem é?

E a voz repetiu:

— Eu caio!

O caixeiro já aperreado, cansado e com fome respondeu:

— Então cai logo, peste! E para de me atazanar!

Então, caiu ao seu lado a perna de um homem. Ele tomou um susto enorme:

— Apois, bichim! Uma perna não vai me fazer mal algum. Voltou a cuidar do seu espeto sobre a trempe do fogão.

Mas a voz recomeçou:

– Eu caio!

O caixeiro disse:

– Cai logo duma vez, fi da peste!

Agora um baque surdo seguido de poeira e outra perna estava no chão. Já havia duas pernas caídas ali. Mas a história não termina por aí...

– Eu caio!

O caixeiro respondeu com enfado:

– Cai logo! Tu não caíste, fi duma égua!

Naquele instante, ouviu-se um barulho e um braço caiu perto das duas pernas e ali ficou.

O viajante já não tinha sossego e a voz continuou:

– Eu caio! Eu caio!

E o caixeiro respondeu de novo:

– Cai logo de uma vez, fi da mulesta!

Então do alto da cumeeira, ele viu despencar mais um braço que permaneceu perto dos outros membros já caídos. Agora eram duas pernas e dois braços. O caixeiro, sem medo algum, continuava vigiando seu espeto porque a sua fome não lhe permitia se aperrear com o barulho.

Lá vinha de novo a voz:

– Eu caio! Eu caio!

E o viajante disse ainda:

– Cai logo e se aquiete, bixiguento!

Um grande pipoco se escutou e caiu um tronco no chão, levantando poeira.

Martelava outra vez a voz:

– Eu caio! Eu caio!

Naquele momento, o caixeiro parou para ver o que mais ainda poderia acontecer. E, lá de trás da casa, no breu da noite, um estrondo ele ouviu. A zoada aumentava, parecia uma bola de ferro a rolar num assoalho de madeira. Era uma cabeça que arrodeava toda a casa e veio para se juntar às outras partes do corpo. Tudo isso acompanhado de um grande clarão azulado!

Então, o caixeiro pensou que já haveria sossego naquela noite e ele conseguiria dormir. Ele via agora um corpo deitado no chão, parecia um homem morto. Tirou do fogo seu espeto e ia jantar. Estava distraído e levou um baita susto quando, seguido de um barulho vindo ao seu lado, caminhava um homem mulato, forte e alto com um sapo-cururu enfiado no espeto para também assar no braseiro e colocou-se ao seu lado agachado. Na verdade, o caixeiro estava tão cansado que nem medo sentiu. Enquanto isso, empurrava o sujeito e lhe dizia:

– Arreda com teu espeto de sapo-cururu, seu fio do cão!

Esse empurra-empurra continuou a noite inteira, e só parou quando o dia amanheceu e o caixeiro pegou seu alforje e saiu correndo sem olhar para trás.

Terminada a história, papai arrematava assim:

– Entrou pelo bico do pinto e saiu pelo bico do pato, quem souber uma melhor que conte mais quatro!

Outras vezes, ele contava causos com um toque de humor:

Uma vez um gato fez uma aposta com o cachorro para ver quem enxergava mais.

— Olhe para aquela árvore e preste atenção em uma de suas folhas. Vamos ver qual de nós dois vai notar primeiro o exato momento em que ela vai se desprender do galho e cair.

Ambos ficaram parados observando uma das folhas. Depois de algum tempo, a folha caiu no chão. O gato então perguntou para o cachorro:

— Você viu a folha cair?

— Não, mas escutei.

Meu pai era um homem iletrado, mas tinha o dom de contar histórias e anedotas, e assim de cativar os seus ouvintes. Ele pronunciava muitas palavras no seu dialeto de Itabaiana que me pareciam erradas, mas somente muitos anos mais tarde compreendi que era assim que se falava em sua terra natal. Eu achava meu pai um homem inteligente, além de ótimo trabalhador, e tudo o que ele dizia era, para mim, uma sentença; eu não discutia, procurava somente obedecer. Só depois de alguns anos, quando eu já estava mais adiantado na escola, passei a reparar na sua linguagem e achá-la muito feia. Eu não queria falar como ele, embora muitas das minhas expressões fossem sergipanas e eu também tivesse um leve sotaque, mas nem me dava conta disso. Durante a minha infância, também usei naturalmente esse linguajar nordestino e entendo perfeitamente até hoje. Depois, com o passar do tempo e o contato com pessoas de outras origens, acabei esquecendo grande parte do vocabulário usado por papai.

9. Núpcias

Além dos meus primos, filhos da tia Celeste, moravam na Fazenda Espigão outros que conhecemos naquele ano – vindos de Teodoro Sampaio, interior de São Paulo –, que eram os seis filhos solteiros do tio José Nivaldo, casado com a tia Perpétua: Josafá, Quitéria, Justino, Calixto, Almesina e Dena. Este último havia sido meu colega de classe no quarto ano e no curso de admissão ao ginásio, em Santo Antônio do Caiuá.

A Quitéria se tornou grande amiga de Neuzete, minha irmã. Ambas eram inseparáveis. Essa amizade favoreceu a aproximação do Justino, que começou a namorá-la. Minha mãe não aprovava aquele namoro por serem primos, nem cogitava a possibilidade de ver a sua filha casada com um primo. Meu pai também se opôs a esse namoro, porque não simpatizava com o sobrinho, embora fosse um homem honesto e trabalhador, e uma pessoa da família.

Naquele ano de 1968 estávamos felizes em poder estudar na cidade, tudo o que tanto sonhávamos na vida! Bem cedinho, já estávamos a caminho do ônibus – eu, Gino, Silvino, Dena e outros meninos que moravam na Espigão. Caminhávamos apenas um quilômetro até o lugar da parada do ônibus da Viação Marazul. Todos queriam entrar ao mesmo tempo para escolher os melhores lugares. O cobrador picotava a passagem, passando de banco em banco com o dinheiro do troco enrolado entre os dedos médio e anular da mão esquerda, vestido de calças pretas e camisa branca, distintivo da empresa no bolso e quepe azul marinho na cabeça. Os estudantes tinham um talão de passagens que o cobrador perfurava diariamente, e no fim do mês os pais faziam o pagamento.

Chegou, enfim, o final de maio, e os preparativos para o casamento de Neuzete estavam quase prontos, faltando definir apenas alguns detalhes de como seria a festa. A safra tinha terminado e as famílias ganharam um bom dinheiro para os padrões rurais da época. Além de Neuzete, a prima Edite, filha da tia Celeste, havia ficado noiva naquele mesmo ano. Ela iria se casar com Clemente, um jovem agricultor. Apesar de ter dinheiro para fazer uma pequena festa de casamento, meu pai disse que não faria nenhuma festa em nossa casa para Neuzete. Mamãe relutou para que ele mudasse de opinião e fizesse pelo menos uma festinha para não magoar a filha. Papai não aceitou de forma alguma. Então, certo dia, quando a tia Celeste esteve em casa, minha mãe se lamentou desse fato com a irmã:

– Celeste, estou bastante aperreada esses dias, porque o Eutimo não quer dar uma festa de casamento para a nossa filha. Já tentei convencê-lo de todas as maneiras, mas ele argumenta que nem mesmo a Gerusa – sua filha mais querida – havia comemorado o casamento em casa. Quando ela se casou com Argemiro, o tio Martinho foi quem bancou toda a festa de casamento, que foi realizada na sede de sua fazenda, quando morávamos na Santo Antônio.

– Rainha, como você sabe, a Edite está noiva de Clemente e vai se casar também no mês de maio. Que tal agendarmos a data de ambos os casamentos para o mesmo dia? Além de economizarmos dinheiro e poupar o excesso de trabalho dos preparativos, a festa dos casais pode muito bem ser realizada em minha casa. Eu e o Genivaldo teríamos imensa alegria de fazer a festa lá em casa.

E continuou:

– O que você acha? Fale com Eutimo, tenho certeza de que ele não vai negar. Eu peço também para o Genivaldo falar com ele, e ele vai acabar concordando.

– Não sei, Celeste, acho que não vai concordar não, de qualquer maneira, vou falar com ele sobre a sua proposta.

À noite, mamãe falou com papai, pedindo para que ele concordasse com a festa de casamento de Neuzete para que fosse realizada juntamente à da prima na casa dos tios. Meu pai acabou concordando, porém, disse que não iria ao casamento nem à festa, e entregou um dinheiro para o cunhado, para colaborar nas despesas.

Os preparativos para o casamento de Neuzete com o primo Justino e de Edite com Clemente preenchiam as conversações na família. As crianças aguardavam ansiosas a data da festa, porque era um evento extraordinário. Cada um teria uma roupa nova para ir à festa. Mamãe foi com papai a Paranavaí e lá comprou o vestido de noiva e o sapato de Neuzete. Trouxe também tecidos como brim, cambraia, flanela, morim, popelina, tricolina e xadrez. Não se esqueceu de comprar também os calçados para ela e para as crianças irem à festa. Ela cortou e costurou todas as nossas roupas. Ela sempre fazia minhas roupas e as de Gino iguais, por motivos de praticidade e de economia mesmo.

Meu primo Calixto tinha voltado há poucos dias de Teodoro Sampaio, disse que foi passar uns dias na casa de sua irmã mais velha, Celina. Contou-nos que foi com ela a uma festa de casamento naquela cidade. Haviam servido deliciosas tortas, doces e salgadas. Churrasco, cerveja para os adultos, e, para as crianças, muito Guaraná e Coca-Cola. No final, cortaram um magnífico bolo para os convidados. Eu ficava imaginando que deveria mesmo ser um banquete celestial. Uma coisa eu não compreendia bem o que seria, então perguntei-lhe acanhado:

– Calixto, conte para nós detalhadamente o que é essa bebida chamada Coca-Cola, que você tomou no casamento que você foi com sua irmã.

– Olha, Jaime, é uma bebida muito, mais muito deliciosa, ela vem numa linda garrafinha de vidro com letras estilizadas, desenhadas em vermelho, e a bebida tem a cor preta. Mas isso não é nada, você precisa sentir um dia o que ela faz em contato com a língua! Tem uma efervescência espetacular, que você não encontra em nenhuma outra. Ah! Você nem imagina o que me aconteceu, tomei umas quatro garrafinhas, depois disso dei uns belos e sonoros arrotos! Menino, foi demais mesmo!

– Calixto, não vejo a hora de poder experimentar uma Coca-Cola, espero que na festa de casamento de Neuzete e Edite o tio Genivaldo compre para a gente conhecer!

Era costume naquela época na roça, quando um rapaz pretendia se casar, pedir ao pai da noiva uma parte da gleba para plantar ou solicitava junto ao fazendeiro nova área para constituir a sua família. O meu futuro cunhado já havia conquistado sua roça de cinco alqueires, numa gleba longe da nossa, na divisa da fazenda Boa Vista. Ficava em um terreno alto e um pouco mais seco que o restante da fazenda. Construiu a sua casinha de duas águas[13] e chão batido, paredes de lascas de canafístula e coberta de tabuinhas feitas de cedro. Era pequena, tinha apenas uma sala, uma cozinha e um quarto, sem portas. No lugar delas, costumava-se colocar uma cortina de chita colorida para dividir os cômodos. Alguns dias antes de ele se casar com a minha irmã, fui lá com o Dena, que me mostrou a roça de seu irmão e a nova casa em que os noivos iriam morar depois de casados. Achei bastante aconchegante a casa; embora fosse simples, era bem-acabada.

O preparativo para a festa de casamento estava a todo vapor, separaram-se os melhores frangos caipiras e umas quatro leitoas. Minha mãe havia contribuído com uma parte, enviando para a tia Celeste a sua parcela de alimentos para a festa de Neuzete e de Edite.

Faltavam dez dias para o casamento, e minha prima Quitéria chegou à tarde em casa, apressada, para entregar uma carta escrita pelo noivo, Justino, endereçada à Neuzete, sua noiva.

– Tia Rainha, a Neuzete está em casa?

– Está lá fora recolhendo umas roupas do varal. Por quê? – perguntou mamãe.

– Por nada, tia. É que não a vi ontem e tenho umas coisinhas para falarmos.

Ela foi ao encontro da prima e entregou-lhe a carta, disse-lhe algumas palavras antes que Neuzete se retirasse para os aposentos para ler a carta com atenção. Quitéria retornou em seguida para a sua casa, enquanto Neuzete abria a sós a sua preciosa cartinha. Correu para o quarto

---

13 Telhado com duas caídas de águas utilizado em construções modestas.

e fechou a porta para apreciar a missiva. Poucos minutos depois, ouviu-se um grito lancinante de dor! Neuzete estava aos prantos, desesperada, gritava tão alto que de longe se ouvia. Minha mãe correu assustada para saber o que estava acontecendo naquele momento. Assim que entrou no quarto, ouviu a lamentação:

– Ai, mamãe! Eu quero morrer! Vou tomar veneno! Não quero mais viver neste mundo cruel...

– Calma, minha filha! Tenha fé em Deus! Conte-me o que aconteceu, por favor!

– O motivo, mamãe, é esta carta do Justino! Ele terminou o noivado comigo, logo hoje, faltando somente dez dias para o nosso casamento! É uma dor irreparável para o meu coração, não vou suportar viver sem ele, mamãe! Quero morrer! Quero morrer!

– Acalme-se, vou correndo falar com Perpétua para ela interceder junto ao filho e para que ele possa reconsiderar a sua decisão tresloucada e evitar esse vexame em família. Farei o que puder! Espere, por favor!

Minha mãe correu até a casa da irmã – que ficava perto – e falou com ela:

– Perpétua, o Justino mandou pela Quitéria uma carta para Neuzete, desistindo do noivado. A coitadinha está aflita, pois você sabe o quanto ela é apaixonada pelo meu sobrinho! Pior, ela disse que vai tomar veneno se ele não voltar atrás.

– *Vixe Maria*! E foi, foi[14]? Rainha!

---

14 É mesmo?

– *Apois*, minha irmã... foi isso mesmo que te disse. Ela está lá em casa injuriada, trancada no quarto chorando o tempo todo, sem comer nem beber.

– Fique sossegada, Rainha. Vou falar com Justino e saber o motivo que o levou a fazer isso. Tentarei convencê-lo a reconsiderar a sua decisão, pedir desculpas a ela e reatar o noivado. Estou passada, nem imaginava que isso poderia acontecer. Todos nós aqui nos preparando para a festa de casamento e o Justino aprontando uma presepada dessas!

– Obrigada, Perpétua! Conto com a sua ajuda. Agora vou para casa consolar Neuzete e lhe dar esperança do reatamento do noivado.

– *Inté*, Perpétua!

– *Inté*, Rainha!

Todos comentavam sobre a gravidade da situação e as consequências que este rompimento poderia trazer para a filha de Rainha, que queria morrer por causa disso. Depois da conversa entre as duas irmãs, e mães dos noivos, a tão esperada festa de casamento foi mantida. E todos nós nos alegramos ao ficarmos sabendo que a tia Perpétua havia convencido Justino a reatar seu noivado com Neuzete. Ele reconsiderou a sua decisão e veio no dia seguinte falar com mamãe: primeiro pediu desculpas pelo que havia feito e depois se dirigiu até Neuzete, a sós, para se desculpar do incidente, e ela o recebeu com grande entusiasmo. O casamento iria acontecer e as crianças estavam felizes porque haveria uma grande festa! Somente papai não demonstrou alegria com a notícia quando minha mãe perguntou se ele iria à festa. Ele respondeu, seco:

– Não! Eu não vou.

Mamãe lhe perguntou:

– Por quê? É sua filha que vai se casar. Não acredito que você não vai querer ir a esta festa tão esperada!

– Não vou mesmo! O máximo que eu faria e, aliás, já fiz, foi dividir as despesas da festa com o Genivaldo. Quanto a você e aos meninos, podem ir ao casamento da Neuzete.

– Mas é claro que eu vou. Sou a mãe dela!

Minha mãe se sentia contrariada, ferida em seu orgulho de mãe dedicada, e prosseguiu:

– Como não ir?

E meu pai respondeu colocando fim ao assunto:

– Eu já lhe disse, mulher, vá e leve as crianças também!

Aguardávamos com ansiedade o casamento para o último dia daquele mês.

Finalmente chegou o grande dia! Era um lindo sábado ensolarado, uma temperatura agradável de outono em que se casariam as duas primas. A festa estava sendo preparada na casa da tia Celeste. Em frente à casa de pau a pique revestida de reboco, coberta de tabuinhas de cedro, o terreiro estava impecavelmente varrido e os primos fizeram uma grande cobertura de lona para abrigar os convidados. Estenderam sob o encerado longos barbantes onde foram colados coloridos triângulos invertidos como se usam ainda hoje em decorações de festas juninas. Folhas de coqueiros foram improvisadas como uma parede da grande lona no oitão. Dez grandes mesas de madeira foram colocadas debaixo da cobertura onde estariam dispostas as travessas de comida do jantar. Uma grande azáfama de mulheres trabalhava no preparo dos pratos, das carnes, cereais, verduras e sobremesas. Uma grande alegria pairava no ar, em cada rosto se via estampado o sentimento dominante daquele dia. Os homens traziam os alimentos a serem preparados, matavam porcos, limpavam, buscavam na cidade as bebidas: cerveja, vinho e refrigerantes. As crianças estavam encantadas com o preparo da festa e ajudavam os adultos no que podiam. Estavam também ansiosas para desfrutar daquelas apetitosas comidas e tomar deliciosos refrigerantes que naquela época eram consumidos somente em grandes festas.

Enquanto todos os preparativos da festa aconteciam na casa da tia Celeste, lá em casa não se via alegria. Mamãe desde o amanhecer esteve triste e chorou muitas vezes durante o dia. Neuzete também estava chorosa, mas nós a censuramos, pois considerávamos um dia de grande alegria um casamento na família. Onofre chegou do serviço onze horas e viu Neuzete sentada num banco na sala chorando desconsolada, e também se aborreceu com isso e a censurou:

– Neuzete, você não quer se casar com Justino?

– Quero sim, Onofre. Por que você me pergunta isso?

– É que estou vendo você chorando assim e dizem que você está assim desde o amanhecer do dia. Acho que você deveria estar feliz e não triste desse jeito!

– Ah! Eu sou assim mesmo, Onofre! Não se importe comigo.

Ao meio-dia, o cortejo de dois jipes e dois caminhões com os acompanhantes partiu rumo a São João

do Caiuá, pelas estradas poeirentas ladeadas por cafezais floridos de ambos os lados. Os noivos foram de jipe,
um levava Edite, Clemente e os padrinhos; o outro levava Neuzete e Justino com seus respectivos padrinhos.
Atrás, seguiam dois caminhões com bancos fixados na
carroceria, próximos à cabine para as mulheres viajarem
sentadas. Logo atrás das quatro fileiras de bancos, havia
umas correntes de ferro fixadas firmemente nas tábuas
laterais da carroceria do caminhão para que os homens,
em pé, pudessem se segurar. Eu, sobre um desses caminhões, segurando no Santo Antônio[15], estava muito feliz
com uma roupa nova que minha mãe havia feito para ir a
este casamento: calças marrons de sarja e camisa de brim
em tom bege-alaranjado. O vento roçava minha face e
o ruído do motor do caminhão, somado à algazarra dos
acompanhantes e os rojões que soltavam, transmitiam a
todos a alegria e a felicidade daquele momento!

Minha mãe e tia Celeste com tio José Nivaldo estavam na comitiva. Meu pai ficou em casa como havia
dito para mamãe anteriormente. Mamãe havia chorado
de desgosto a manhã inteira por esse motivo.

A comitiva costumava partir com algumas horas de
antecedência da cerimônia do casamento para que hou-
vesse tempo de os noivos se arrumarem. Os noivos já haviam experimentado no dia anterior os seus ternos pretos.
Vestiam-se na cidade porque sempre chegavam empoei-
rados das estradas de chão que passavam com a comitiva.
Em uma barbearia, cortavam o cabelo, faziam a barba e
ali mesmo vestiam os seus ternos. O barbeiro os ajudava
a fazer o nó na gravata e a colocar um lenço dobrado no

---

15 Barra de madeira ou ferro atrás da cabine, em que os passageiros seguram.

bolso do paletó, para dar um toque de requinte no traje especial. As noivas também já haviam provado anteriormente os seus vestidos, e se trocariam no salão de beleza. Os cuidados que receberiam consistiam em serviços de manicure, pedicure, penteados e maquiagem. Saíam do salão deslumbrantes, e o sorriso em seus lábios demonstravam o quanto se sentiam felizes naquele momento tão especial.

O casamento no civil foi realizado com a presença de poucos acompanhantes, a maior parte já aguardava na Igreja de São João Batista, poucas quadras dali. O momento mais esperado foi quando, às dezessete horas, adentraram na igreja de São João Batista as duas noivas ao mesmo tempo. Surpresa, comentários, cochichos, sorrisos e alegria geral. As noivas arrebatavam os olhares surpresos dos familiares e convidados. Comentava-se que ambas estavam lindas e não se sabia dizer qual era a mais bonita, se Edite ou Neuzete. Eu achei Neuzete a mais linda, talvez pelo fato de ser a minha irmã e porque eu gostava muito dela, de verdade, do fundo do coração.

Muitas vezes, estive a pensar que a vida em casa sem a Neuzete ficaria tão triste. Naqueles momentos eu sentia uma saudade antecipada dela. Daquele dia em diante, tudo mudaria, pois eu não teria mais a sua presença amiga e protetora perto de mim. Pensava comigo mesmo: "E agora? Quem a substituirá? A Gildete é ainda uma criança. Pobre da mamãe! Vai ter que trabalhar dobrado de agora em diante". Contudo, o que um adolescente não podia compreender é que, nesta vida, tudo se ajeita, todas as peças se encaixam com o passar do tempo. O tempo faz tudo se modificar em nossas vidas e a tudo nos adaptamos.

A cerimônia de casamento ficou marcada na memória de ambas as famílias. Os dois casais, padrinhos e convidados estiveram reunidos no cartório e depois na igreja católica. Estavam todos impecáveis. Eu sentia orgulho de ver a minha irmã tão bela em seu vestido de noiva. Neuzete era branca, estatura média, bochechas vermelhas, cabelos levemente ondulados e olhos castanhos e fortes, acostumada às duras lidas da vida na roça. Uma aura de felicidade adornava seu semblante naquele dia. Edite era alta, morena, olhos negros expressivos, cabelos lisos e negros até a cintura, contrastando com seus alvos trajes, e estava muito linda também. Clemente era moreno, magro, de estatura mediana, enquanto Justino era moreno claro, cabelos e olhos negros, magro e da mesma altura da noiva.

O padre celebrava a cerimônia de casamento, e eu prestava atenção em tudo, olhava os noivos, os padrinhos, os convidados, a nave da igreja, a marcha nupcial, a decoração singela no altar, cada palavra dita pelo padre, cada gesto dos noivos. Aquele momento, ali na igreja, era mágico e eu estava tão feliz quanto as duplas de noivos.

Terminada a cerimônia, os padrinhos, familiares e convidados cumprimentavam os noivos, e eu também fui dar os meus cumprimentos a eles. Dirigi-me primeiro a Neuzete e Justino e depois a Edite e Clemente. As noivas, com suas faces lindas e rosadas, exalavam uma doce e agradável fragrância. Eram como lindas ninfas dos jardins encantados de contos de fadas!

Depois do casamento, os noivos foram a pé até um estúdio de fotografias, onde tiraram o tradicional retrato em branco e preto, em traje nupcial, para guardarem para a posteridade, como era de costume na época. Não se tiravam inúmeras fotografias como se tiram hoje em dia no cartório, na igreja e na festa. Somente no estúdio de fotografias da cidade é que se registrava esse momento tão solene da vida do casal, nada mais do que isso.

Uma alegria intensa tomou conta de toda a comitiva, desde o embarque na porta da igreja rumo à Fazenda Espigão. Os jipes com os noivos e os dois caminhões com os padrinhos e convidados retornavam alegremente. O sol ia desaparecendo no horizonte dando um tom avermelhado, e, atrás da comitiva, via-se uma coluna de poeira vermelha na estrada de chão que tingia nossas roupas e cabelos. A poeira da estrada não apagava a alegria de nossas almas naquela tarde de festa. Ao nos aproximar da casa da tia Celeste, os padrinhos nos caminhões soltavam rojões e a emoção era intensa em todos os rostos. Uma grande barraca de lona era vista em frente da casa, e muitas pessoas aguardavam a chegada da comitiva.

Desembarcamos todos para o melhor momento, que seria a festa. Cumprimentos aos noivos, abraços e muita alegria, e destoando do sentimento reinante, percebíamos as lágrimas de emoção da tia Celeste e de mamãe. As crianças corriam, pulavam, soltavam bombinhas, traques, porque já era praticamente junho, mês de festas populares. Havia muito refrigerante, cerveja para os adultos havia em grande quantidade, em garrafas escuras com rótulo azul claro. Muitos petiscos apetitosos colocados sobre as mesas enfileiradas embaixo da grande barraca de lona. Aquela noite passou depressa, tudo foi divertimento e sonho.

Mamãe, Gildete, Gino e eu retornamos por volta das vinte e três horas, um pouco antes de começar o baile animado por um sanfoneiro acompanhado de outro companheiro no violão e outro no pandeiro. Os ritmos executados pelo acordeonista eram baião, bolero, valsa e xote. Voltamos para casa, tristes pela falta que Neuzete faria. Eu era muito apegado a ela, a gente se dava muito bem, não me lembro de termos brigado jamais. O mesmo não acontecia com Gildete, nem com meus outros irmãos; às vezes a gente brigava por um motivo ou outro qualquer, embora depois todos se perdoassem e voltássemos às pazes.

Minha mãe assumiu todas as tarefas domésticas, trabalhava demais para cozinhar, lavar, passar e cuidar da casa, além dos porcos e das galinhas que ela criava e das costuras que fazia, tanto para casa quanto para outras famílias. Gildete passou a aprender algumas tarefas domésticas. Como mamãe não tinha força suficiente para puxar água do poço, com vinte metros de profundidade, ela me incumbiu dessa tarefa. Todas as tardes depois de chegar da escola e almoçar, eu puxava água do poço e enchia um tambor grande de embalagem de óleo diesel, e para isso eu tinha que puxar entre dezoito e vinte baldes de água. Outra tarefa que eu e Gino tínhamos à tarde era a de buscar lenha que papai havia rachado. Ele deixava amontoado um lote grande de lenha no terreiro, mas era um pouco distante para carregar nas costas as achas de lenha e empilhá-las ao lado do fogão dentro da cozinha. Como não eram todos os dias que tínhamos que carregar lenha, nos outros, um de nós tinha que dar ração e banhar a mula e o cavalo ou capinar na roça. Como eu puxava água do poço, eu tinha pouco tempo para capinar, então Gino frequentemente fazia isso.

Meu pai era um homem muito trabalhador, e nas horas de folga zelava por uma pequena área de agricultura familiar próximo de casa. Tinha até mesmo uma pequena plantação de tabaco. Ele produzia fumo de corda, de modo artesanal. Colhia as folhas e as colocava para secar, selecionava as melhores e graúdas, regava-as com melado. O procedimento seguinte era trançar as folhas, formando grossas cordas que eram enroladas em um sarilho. Depois, os rolos eram colocados sobre duas forquilhas de madeira e ficavam expostos ao sol para curar. Esses rolos de fumo precisavam ser colocados ao sol durante o dia e retirados para o paiol à tarde. Precisavam ser virados quatro vezes por dia, porque a parte inferior deles ficava intumescida de melado que pingava no chão. Quando virávamos, a parte de cima ficava carregada de melado que ia regando aos poucos a parte inferior ressequida de sol, e com isso as cordas ganhavam consistência e aroma.

10. Rio Paranapanema

O Rio Paranapanema nasce na Serra de Agudos Grandes, no sudeste paulista, a 900 metros de altitude, e percorre uma extensão de 929 km. A sua nascente é cercada de mata nativa protegida por três parques estaduais: Carlos Botelho, Intervales e Petar. Saindo da mata, o rio passa por uma região de campo natural tendo como vegetação o cerrado. O rio segue seu percurso em zigue-zague na Cuesta de Botucatu e segue em descida suave pelo Planalto Meridional, até encontrar as águas do grande Rio Paraná. Seus principais afluentes são os rios Cinzas e o Tibagi. O curso de água do rio é usado para abastecimento, irrigação, navegação, geração de energia elétrica, criação de peixes e lazer.

Rio de águas cristalinas, tem ao longo de seus percursos saltos e cachoeiras e faz divisa natural dos estados de São Paulo e Paraná. A parte navegável do rio parte da sua foz em Porto São José, no Paraná, até o Morro do Diabo, no Parque Estadual de mesmo nome, no Pontal do Paranapanema.

A região do Baixo Paranapanema que conheci e onde vivi a minha infância, é um trecho de 421 km do rio que se considera a partir de Salto Grande, em sua jusante, até a sua foz na tríplice divisa dos estados de São Paulo, Paraná e Mato Grosso do Sul. Naquela época, antes da construção da Hidrelétrica de Rosana, o rio tinha uma largura de 180 metros perto do Morro do Diabo. Naquele trecho, o Rio Paranapanema tinha águas límpidas durante o outono e inverno que ficavam barrentas no período das águas[16], como diziam os antigos.

Quando nos mudamos para a Fazenda Espigão e ficamos morando no acampamento provisório na olaria, às margens do Rio Paranapanema, foi que conheci esse local.

Íamos tomar banho no rio nos finais de tarde. Muitos meninos na faixa de oito a quinze anos se juntavam para pescaria, para navegar de barco a remo e para nadar. Muitas vezes, atravessávamos o rio a nado que tinha, naquele trecho, de frente para o Parque Estadual do Morro do Diabo, uma largura de 180 metros. A gente só não fazia isso no período das águas, porque a correnteza era muito forte e o volume do rio subia muito.

Eu me lembro que tomávamos banho pelados. Deixávamos as nossas roupas nas moitas à margem e pulávamos na água. Geralmente na saída, sofríamos alguma grande decepção, pois elas não estavam mais no lugar onde as havíamos deixado. Tínhamos que colher grandes folhas de taioba para cobrir nossa nudez e voltávamos envergonhados, ao escurecer, para nossa casa. Chegando lá, éramos recebidos com zombaria pelos meninos mais velhos que acenavam, mostrando em suas mãos as nossas vestes. Então, corríamos desesperados atrás deles para recuperar as nossas roupas.

Durante o inverno, quando as águas estavam cristalinas e as pedras negras do leito do rio ficavam à mostra, formando belas cachoeiras, andávamos por sobre as pedras e em suas locas apanhávamos muitos cascudos. Era a forma mais fácil de conseguir preciosos alimentos. Assim,

---

16 Período do plantio que se inicia em outubro e vai até o final de janeiro.

a cachoeira somente era visível naquele local durante o inverno, quando as águas estavam baixas. Sempre que chegávamos ao rio, a primeira coisa que fazíamos era subir nos ingazeiros carregados de frutos, que se debruçavam sobre o leito do rio, e cujos frutos amarelos despendiam dos galhos e eram levados pela correnteza rio abaixo.

Em seguida, pulávamos dos galhos e cada um exibia as suas habilidades com saltos mortais ou simples mergulhos, até permanecermos algum tempo sob as águas, competindo entre nós para ver quem era o melhor. Depois de um tempo, alguns iam pescar de varas, outros iam navegar de barco a remo e outros ficavam a nadar. Depois que nos mudamos para a segunda gleba, o rio ficou mais distante de nós, e para irmos até lá, tínhamos que fazer uma longa caminhada. Muitas vezes pegávamos carona de trator com os filhos dos agricultores locais para ir até o rio. Outros preferiam ir a cavalo.

11. Segunda gleba

Em janeiro de 1969, mudamos para outra gleba maior, na mesma fazenda. Papai havia derrubado vinte alqueires para plantio de algodão por mais três anos, e no final devolveu ao fazendeiro a terra plantada em capim colonião para criar gado, depois da derrubada da mata e da queimada. Retirou muitas toras de ipê e de peroba, enviou para a serraria e com a madeira fez uma casa de madeira de quatro águas, com quatro quartos, duas salas, cozinha e despensa. A cobertura era de telhas de cerâmica tipo francesa, fabricadas em Rosana, no estado de São Paulo, do outro lado do Paranapanema. O piso foi feito de cimento e queimado com vermelhão. Só não foi pintada porque moraríamos ali por apenas três anos.

Depois de pronta, a casa ficou bastante confortável e nós não cansávamos de admirá-la. Era inesquecível o agradável cheiro de madeira nova que impregnava a casa toda e eu me sentia feliz todas as vezes que ia lá, quando papai estava terminando a construção. A uma distância de quarenta metros, meu pai construiu um grande barracão também de madeira, alto o suficiente para servir de abrigo para o trator que ele comprou e os implementos agrícolas. No mesmo barracão, uma parte foi destinada ao depósito de algodão, sendo esta parte fechada para que a chuva não molhasse as plumas que ali seriam depositadas, até que fossem ensacadas e enviadas para o cotonifício de Paranavaí.

Um poço de trinta e cinco metros de profundidade foi furado perto de casa. A água era muito profunda e havia muito cascalho no solo. Foi muito difícil escavar esse poço. A caixa de madeira para proteger o poço e o sarilho foram feitos por papai. Em volta da boca, ele colocou algumas fileiras de tijolos unidos com cimento para que ficasse seguro e não desbarrancasse com as águas da chuva. Além disso, foram assentadas largas e espessas vigas de ipê para colocar a caixa de tábuas com o sarilho, corda e balde. O poço ficou excelente e a água era cristalina. Mudamos para lá no final do ano.

Havia uma linha de ônibus que foi implantada no ano anterior e durou até o final de 1969. Eu e meus irmãos Silvino e Gino estudávamos na cidade. O fazendeiro havia nos incentivado aos estudos, ofertando uma pequena bolsa no valor de cinquenta cruzeiros. Nós três estudávamos no Colégio Comercial, como era chamada a escola particular destinada ao ensino ginasial da época. Cursávamos o primeiro ano ginasial. Recordo que eu tinha, naquele ano, muitas dificuldades com Matemática. O nosso professor era um homem severo. Passava um extenso conteúdo de matéria e suas explicações não me entravam na cabeça. Em casa, eu não tinha com quem tirar as dúvidas, já que papai mal sabia ler e escrever e os outros irmãos mais velhos trabalhavam tanto que nem tinham tempo de me ajudar. Minhas notas eram regulares no começo do ano, mas depois foram caindo até o final do ano. Não recuperei nota na última prova e com tristeza fui para exame. Fiz o exame e reprovei por dois décimos. Cheguei em casa arrasado e contei para meus pais, que se entristeceram. O meu irmão Gino também reprovou naquele ano, não em Matemática, mas em outras duas disciplinas.

Um dia, o fazendeiro nos encontrou num domingo assistindo a um jogo de futebol e nos perguntou sobre o resultado dos estudos. Silvino eufórico foi dizendo:

– Seu Avelino, peguei o boletim sexta-feira e eu passei de ano!

– Parabéns, Silvino! Fico contente com o seu resultado.

– E vocês, Jaime e Gino? Como foram? Passaram de ano?

– Repeti, seu Avelino. Foi em matemática, por dois décimos não alcancei a nota para passar de ano! –, respondi com a voz embargada, tal a tristeza e vergonha que sentia naquele momento.

– E o Gino, passou?

– Também não, seu Avelino!

– Olhem aqui, eu sei por que vocês dois repetiram. Disseram-me que você e Gino passavam a tarde inteira num bar jogando sinuca depois das aulas em Santo Antônio do Caiuá.

Tamanha era a nossa vergonha que não ousamos sequer desmentir essas falsas afirmações. Estávamos de cabeça baixa, olhos fixados no chão e a dor na alma. Nada mais podíamos fazer para mudar esse fato.

– Claro que só poderiam repetir agindo assim! Em recompensa e reconhecimento à dedicação em seus estudos, vou levar o Silvino para Rancharia para que ele possa continuar estudando lá. Quanto a vocês dois, só lhes digo que não terão mais bolsa alguma!

Aquele dia ficou registrado em minha memória como um dia de derrota. Eu gostava de estudar, amava ler, escrever, gostava de livros, da rotina da escola. Mas fazer o quê? Ninguém mais acreditaria em mim a partir daquele momento. Como eu lidaria com essa dura realidade? Só me restava me recolher solitário depois da jornada de trabalho diário na roça. Ao entardecer, eu ficava sozinho e me sentava em algum tronco de árvore caída e ficava chorando até que o sol desaparecesse no horizonte, e assim eu retornava para casa.

Poucos dias depois, o fazendeiro esteve em casa e conversou com papai. Naquela ocasião, ele pediu autorização para levar Silvino para Rancharia, e meu pai autorizou. Então, ele arrumou suas malas, e três dias depois Patrocínio esteve em casa com o jipe de seu pai e deu carona para Silvino até a sede da fazenda, e de lá iria para Rancharia com o fazendeiro no dia seguinte.

Eu e Gino ficamos na roça e teríamos que ir trabalhar no eito. Já que não havia mais linha de ônibus para nos levar para a cidade para continuarmos com os estudos. Eu ainda tentei ir com um primo e dois amigos estudar na cidade, a pé. Mas era muito longe e desistimos dos estudos naquele ano de 1970. Tínhamos que sair de casa ainda quando estava escuro e fazer esse longo percurso. Chegávamos cansados na escola e com fome. Não tínhamos quase nada de dinheiro para comprar algo para comer na cantina. A escola era particular e não fornecia merenda. Voltávamos para casa à tarde, aí saíamos um pouco da estrada de chão e adentrávamos as imensas fazendas de cafezais que dominavam o norte do Paraná naquele tempo. Entre os cafezais, achávamos alguns pés de mamão carregados. Comíamos mamão quando encontrávamos maduros e seguíamos a nossa marcha de retorno para casa. Chegávamos já ao entardecer. Essa rotina não durou muito. Três meses de aula e abandonamos os estudos, não dava mais para continuar assim.

Agora uma nova realidade se descortinava para mim. Teria que ir com Gino para a roça, reforçar a mão de obra que meu pai precisava para tocar a lavoura. Gino passou a trabalhar com uma égua que papai comprou para fazer alguns trabalhos como transporte de cargas e tombar a terra. Eu fui para colheita, juntar coivaras após a safra, capinar quando preciso e colher algodão com a peonada.

Uma alegria para mim era chegar o fim de semana e ir com meu pai e o Gino aos torneios de futebol na sede da Fazenda Espigão ou em Cristo Rei, perto de Terra Rica.

Foi nessa época em que papai passou a comprar caixas de frutas em Paranavaí e me dava comissão para vendê-las durante os jogos. Eu encontrava prazer em negociar. Ganhava meu dinheirinho e guardava para gastar quando fosse a São João do Caiuá com o Onofre, que me levava sempre que eu pedia. Ele era motorista do fazendeiro e trabalhava com uma caminhonete.

No início do ano, meu pai, meus irmãos e Gino e eu, além de mais três diaristas, trabalhamos duro para deixar a lavoura em ordem. O algodoeiro estava exuberante, na primeira safra, as chuvas foram regulares desde o plantio, no início de novembro, e continuaram regulares naquele verão. Maçãs graúdas prometiam grande colheita. Então, chegou o início de março e manchas amareladas começaram a surgir na lavoura aqui e acolá. Essas manchas causaram grande preocupação a todos nós. Agrônomos disseram que era um tipo de ácaro que estava assolando todas as plantações da região. Os inseticidas usados e conhecidos dos agricultores não surtiram efeito algum naquela praga. As manchas iam aumentando mais e mais, até tomarem conta de todas as plantações. As folhas ficaram amarelas. Secaram e caíram. Não produziram quantidade suficiente e a maior parte das maçãs ficou amarelo-marrom. Depois foram amadurecendo extemporaneamente, culminando com o desabrochar prematuro que resultou em uma perda de aproximadamente quarenta por cento da safra.

Os capulhos se abriram parcialmente e foram ressecando rapidamente, antecipando-se à colheita. Todos os arrendatários ficaram endividados e tiveram que entregar as máquinas por conta da dívida com o fazendeiro. Um quadro desolador se abateu em nossa família. Minha mãe lembrava a escolha errada que papai fez e o recriminava diariamente por não ter comprado uma chácara próxima a uma vila ou por não termos ido para a cidade depois da bem-sucedida colheita do ano anterior. No final da safra, ele foi fazer o acerto de contas com o fazendeiro e ficou no vermelho. Ficaríamos na fazenda por mais um plantio.

12. São Paulo

No final de julho de 1970, a prima Sebastiana, filha da tia Celeste que morava em São Paulo, foi nos visitar e me convidou para ir morar na capital. Antes, ela havia feito o convite para o seu meio-irmão Totonho, que não aceitou, pois seus pais não deixaram. A justificativa foi que o tio Genivaldo precisava muito dele no trabalho da roça. Um dia, ela veio em casa e estava se lamentando que gostaria de levar Totonho, mas os pais não permitiram. Fiquei então pensando comigo: "Quem sabe não é agora a oportunidade de eu ir para São Paulo para trabalhar na cidade e estudar!". Então, naquele dia à tarde, fui pedir a meu pai e a minha mãe se eles me deixariam ir morar com minha prima e obtive deles o consentimento, embora contrafeitos.

Ela nos prometeu que me matricularia em uma escola e buscaria um emprego para mim na capital. Era um sonho que se realizava. Eu estava transbordando de felicidade. A viagem de ônibus até São Paulo foi fantástica! Tudo me parecia lindo durante o trajeto. Passávamos por tantas belas cidades do norte do Paraná. Umas pequenas, outras grandes, como Maringá e Londrina.

Chegamos a São Paulo na estação rodoviária da Luz, coberta de placas quadriculadas côncavas, em acrílico sobre estrutura de ferro, com tons de vermelho, laranja e azul. Meu coração batia forte de tanta emoção! Olhava com espanto tudo a minha volta, o que me fascinava pela grandiosidade e beleza da cidade. Era final do mês de julho, e o Brasil havia sido recentemente tricampeão de futebol no México, as ruas e as casas ainda estavam enfeitadas com bandeiras verdes e amarelas. "Essa cidade imensa terá inúmeras oportunidades de trabalho e de estudo para mim!", pensava comigo mesmo. Eu queria morar definitivamente em São Paulo, não me contentaria em ficar um ou dois anos, ou somente alguns meses. Mas o destino não permitiu que naquele momento esse sonho se tornasse realidade.

Poucos meses depois, minha prima se separou do seu companheiro e me levou de volta para a casa dos meus pais, na Fazenda Espigão, no Paraná. Ao retornar para casa, fiquei muito triste. Não que eu não amasse meus pais, mas aquele lugar me causava tristeza. Eu gostava de estudar e queria um emprego, não me conformaria em voltar para a fazenda. Voltei contrariado e prometi a mim mesmo que quando eu fosse maior, moraria em São Paulo.

Chegou o último ano de plantio do algodão na Fazenda Espigão e só restou ao papai a opção de se aventurar a todo custo e a duras penas enfrentar o sucesso ou o fracasso da safra de 1971. Ao final da colheita, precisaríamos entregar a área plantada de colonião. Somente nos restava aguardar o que o destino nos reservaria para o próximo ano. Certo dia, meu pai comentou que o fazendeiro estava para desmatar a sua mais nova fazenda adquirida em Mato Grosso, mas ninguém recebeu com entusiasmo essa notícia trazida pelo papai. Mesmo porque ele teve várias ofertas anteriores de aquisição de pequenos lotes de uma companhia de desmatamento naquela época, chamava-se Someco, na região de Naviraí, hoje no atual estado do Mato Grosso do Sul – mas ele não se interessou.

No início daquela última safra, mamãe começou a adoecer. Problemas do fígado e de vesícula. Ficou muito mal e foi levada para tratamento em Rancharia. Quase morreu. Meu pai ficou na fazenda, já havia terminado de plantar o capim, e a paisagem era desoladora naquele momento em que os pés de algodão ressequidos e escurecidos após a colheita disputavam a paisagem com as mudas de colonião. As touceiras de capim eram plantadas com cerca de cinquenta a sessenta centímetros e logo pegavam. Cresciam em pouco tempo e iam modificando totalmente a paisagem rural. Todas as famílias já haviam ido embora, e as casas de madeira haviam sido demolidas. Somente restava a nossa casa naquele cenário desabitado.

Assim que mamãe melhorou e retornou da Rancharia, mudamos para o Mato Grosso, hoje Mato Grosso do Sul. O meu irmão Onofre, que trabalhava de motorista para seu Avelino, alugou uma casinha de madeira para morarmos em Caarapó. Dias depois, papai foi trabalhar na nova fazenda de cotonicultura que estava sendo aberta. Foi desmatar e cultivar sozinho um pequeno lote de cinco alqueires. Minha mãe ainda estava muito debilitada e não poderia morar numa fazenda distante, sem recursos. Pediu então para que os filhos ajudassem a pagar o aluguel de uma casa na cidade, pois sentia que se fosse para a fazenda, morreria em pouco tempo. Tive o meu primeiro emprego em um armazém de secos e molhados; depois em escritórios de serraria e de contabilidade.

Ao completar dezoito anos, fui convocado para o serviço militar em Amambai. Depois do serviço militar, em 1975, retornei para Caarapó e no natal daquele ano recebemos a visita do tio José Nivaldo, que morava em São Paulo. Ele me convidou para mudar para lá e aceitei o seu convite com muita alegria. Seria a realização de um sonho, estaria retornando à cidade tão sonhada após seis anos de tê-la conhecido. Agora eu era maior de idade, dono de mim, me sentia livre para escolher o meu destino.

Uma euforia tomava conta de mim. Contava aos amigos com imensa satisfação a minha decisão de ir para a capital. Isso soava para mim como um grande triunfo. O fato de que iria me defrontar com incertezas e possíveis dificuldades não me atemorizava: eu estava decidido e nada me intimidava. E assim aconteceu a minha mudança para a cidade grande. Era um dia de chuva torrencial, no início de janeiro, e a enxurrada havia inundado parcialmente a nossa casa quando vim de carona com o meu patrão, dono da serraria em que eu trabalhava. Ele estava indo a negócios para São Paulo e me ofereceu uma carona. No seu Landau azul-marinho, ano 72, ele me aguardava em um local um pouco mais afastado da enchente. Peguei a minha mala e me despedi de mamãe e dos irmãos. Meu pai estava na fazenda e não pude me despedir. Fui então com meu ex-patrão para a capital paulista.

Eu havia me tornado homem e parti rumo à cidade grande, em busca dos meus sonhos. Lá, me deparei com uma nova realidade e as lutas árduas tiveram início. A minha chegada a São Paulo foi uma sensação mista de alegria e de apreensão. Meu ex-patrão me deixou na estação rodoviária e de lá liguei para o meu tio, que veio me buscar e me levou para a sua casa no bairro de Sapopemba, na zona leste da capital paulista.

13. Colheita

Sobeja brisa
dum exalo
calmo e matutino.
Brisa última que adeja
No espaço divino,
Como um sonho que já voei
Em céu tomado de cirros brancos.
Brisa do vermelhão que finda o dia
Na desmedida fazenda.
Brisa da lua alegre
Em noites cheias.
Cândida brisa
Das paradas mansas
Ornadas de meninos leves,
Nas mãos, as bolas de nuvens.
Suas sacolas de juta
Fofas dos capulhos de maio,
A pasmante safra d'algodão.

14. Epílogo

Fui para a capital paulista com o meu tio José Nivaldo e, chegando lá, fui morar na casa de Neuzete. Meu tio e meu cunhado moravam num mesmo terreno, sendo que a casa da frente era do meu cunhado e de sua família. Nos fundos, meus tios e primos.

Dois anos depois, Justino se separou de Neuzete, deixando com ela um menino de oito anos e uma menina de cinco. Neuzete voltou para o Mato Grosso do Sul com os filhos, e eu fiquei na casa dos meus tios. Seis meses depois, Justino se suicidou por problemas passionais. Após o choque da família, saí da casa dos meus tios e fui morar num pensionato no bairro do Brás.

Concluí o ensino médio noturno. Trabalhei muitos anos em contabilidade e cursei três anos de Ciências Contábeis na Faculdade São Judas Tadeu, no bairro da Mooca. Depois, abandonei o curso, por não me encontrar naquela profissão. Tentei Ciências, Licenciatura, e fiz quatro semestres na Faculdade Prof. Carlos Pasquale, no Pari. Desisti por motivos financeiros. Tentei muitos concursos e, finalmente, em 1991, passei em um concurso para operador de trem do metrô. Trabalhei lá por sete anos.

Conheci a minha futura esposa numa viagem de férias, quando visitei meus pais. Um ano depois nos casamos e voltei para o Mato Grosso do Sul. Aqui chegando, fiz vestibular para Direito e concluí o curso na Universidade Estadual de Mato Grosso do Sul, em 2004. Não exerci advocacia. Fui produtor rural e hoje estou aposentado.

ALL PRINT
EDITORA
www.allprinteditora.com.br
info@allprinteditora.com.br
Fone: (11) 2478-3413

www.ingramcontent.com/pod-product-compliance
Lightning Source LLC
LaVergne TN
LVHW091513170726
843492LV00001B/467